国家出版基金项目
重庆市出版专项资金资助项目

新时代马克思主义伦理学丛书

张霄　李义天　主编

当代英美马克思主义伦理学研究

张霄　著

重庆出版集团　重庆出版社

图书在版编目(CIP)数据

当代英美马克思主义伦理学研究/张霄著.—重庆:重庆出版社,2020.6
ISBN 978-7-229-15071-6

Ⅰ.①当… Ⅱ.①张… Ⅲ.①马克思主义—伦理学—研究—英国 ②马克思主义—伦理学—研究—美国 Ⅳ.①A811.63

中国版本图书馆CIP数据核字(2020)第090429号

当代英美马克思主义伦理学研究
DANGDAI YINGMEI MAKESIZHUYI LUNLIXUE YANJIU
张　霄　著

责任编辑:林　郁
责任校对:何建云
装帧设计:何海林

重庆出版集团
重庆出版社　出版

重庆市南岸区南滨路162号1幢　邮政编码:400061　http://www.cqph.com
重庆出版社艺术设计有限公司制版
重庆市国丰印务有限责任公司印刷
重庆出版集团图书发行有限公司发行
E-MAIL:fxchu@cqph.com　邮购电话:023-61520646
全国新华书店经销

开本:787mm×1092mm　1/16　印张:14.25　字数:210千
2020年6月第1版　2020年6月第1次印刷
ISBN 978-7-229-15071-6
定价:57.00元

如有印装质量问题,请向本集团图书发行有限公司调换:023-61520678

版权所有　侵权必究

总　序

马克思主义伦理学是马克思主义理论与伦理学研究的结合。对当代中国伦理学而言，这种结合既需要面对马克思主义理论发展的世界性问题，更需要融合中国特色社会主义思想文化的新时代特征。

马克思主义伦理学之所以成为马克思主义理论进程中的一个世界性问题，是因为伦理问题往往出现在世界马克思主义发展史上的重要时刻。这些时刻不仅包括重大的理论争辩，而且包括重大的实践境况。如果说 20 世纪的马克思主义理论进程是一部马克思主义和各种思潮相结合的历史，那么，20 世纪的马克思主义伦理学则从马克思主义与伦理思想相结合的层面，为这部历史增添了不可或缺的内容。无论是现实素材引发的实际问题，还是理论思考得出的智识成果，马克思主义不断发展的历史，总在为马克思主义伦理学添加新的东西——新的问题、新的方法、新的观点和新的挑战。由此，马克思主义伦理学始终处于马克思主义理论的核心地带，马克思主义内在地蕴含着对于伦理问题的思考与对于伦理生活的批判。相应地，一个失却了伦理维度的马克思主义不仅在理论上是不完整的，而且无法实现马克思主义所揭示的全部实践筹划。因此，把严肃的伦理学研究从马克思主义的体系中加以祛除的做法，实际上是在瓦解马克思主义理论自身的完整意义与实践诉求。

马克思主义伦理学不是也无须是一门抽象的学问。它是一种把现实与基于这种现实而生长出来的规范性联系起来的实践筹划，是一种通过"实践—精神"而把握世界的实践理论。因此，在马克思主义这里，伦理学的本质不在于它的知识处境，而在于它的社会功能；关键的伦理学问题不再是"伦理规范可以是什么"，而是"伦理规范能够做什么"。从这个意义上讲，不经转化就直接用认识论意义上的伦理学来替代实践论意义上的伦理学，这是一种在伦理学领域尚未完成马克思主义世界观革命的不成熟表现，也是一种对伦理学的现实本质缺乏理解的表现。

马克思主义伦理学之所以成为当代中国道德建设的一个新时代问题，是因为马克思主义始终是中国特色社会主义思想文化的基本方向。无论如何阐释"中国特色"，它在思想文化领域都不可能脱离如下背景：其一，当代中国是一个以马克思主义为指导思想的社会主义国家，马克思主义构成当前中国社会的思想框架。这种框架为我们带来一种不同于西方的现代性方案；在这种现代性中，启蒙以降的西方文化传统经由马克思主义的深刻批判而进入中国。其二，中国优秀传统文化的精髓是伦理文化，中国文化的精神要义就在于其伦理性。对中国学人而言，伦理学不仅关乎做人的道理，也在提供治理国家的原则。从这个意义上讲，马克思主义之所以能在中国扎根，就在于它与中国文化传统的伦理性质有契合之处。

如果结合上述两个背景便不难发现，马克思主义伦理学的重要意义已然不限于两种知识门类的结合，更是两种文化传统的联结。经历百年的吸纳、转化和变迁，马克思主义伦理学虽然在一定程度上已经成型，但是，随着中国特色社会主义进入新时代，马克思主义伦理学又面临许多新的困惑和新的机遇，需要为这个时代的中国伦理思想与道德建设提供新的思考和新的解答。唯有如此，新时代的马克思主义伦理学才能构成中国马克思主义理论的重要组成部分，才能成为21世纪中国道德话语和道德实践的航标指南。

为此，我们编撰的《新时代马克思主义伦理学丛书》，旨在通过"世界性"和"新时代"两大主题框架，聚焦当代的马克思主义伦理学。我们希望，通过这套丛书搭建开放的平台，在一个更加广阔的视野中建构马克思主义伦理学的理论体系，在一个更加深入的维度上探讨当代中国的伦理思想与道德建设。

感谢中国人民大学伦理学与道德建设研究中心的指导与支持，感谢重庆出版社的协助与付出。这是一项前途光明的事业，我们真诚地期待能有更多朋友加入，使之枝繁叶茂、硕果满仓。

是为序。

编　者

2020年春　北京

目 录
CONTENTS

总　序 …………………………………………… 1

导　论 …………………………………………… 1

问题重现：马克思主义与道德

第一章　马克思主义的"反道德论"问题 ……… 19
一、马克思对道德的态度：非道德论与道德论 ……… 20
二、马克思主义史上的道德争论与研究传统 ……… 28

第二章　对具体问题的道德分析 ………………… 43
一、剥削概念的经济含义与道德含义 ……………… 43
二、无产阶级的革命意识与道德动机 ……………… 50
三、道德判断的正当性与客观性 …………………… 64

价值重塑：马克思主义与价值类型

第三章 作为伦理价值的正义 …………… 73
一、"马克思反对正义"与"马克思赞成正义"……… 74
二、一种辩证的理解方式 ………………… 85
三、伦理正义与道德应当 ………………… 88

第四章 作为道德价值的自由 …………… 100
一、马克思与《两种自由概念》 …………… 100
二、马克思的自主自由观 ………………… 103
三、道德自由与生产实践 ………………… 112

第五章 价值类型与黑格尔的伦理学 ……… 116
一、伦理价值与道德价值 ………………… 117
二、马克思的价值论与黑格尔的遗产 ……… 124

理论重建：马克思主义与伦理学

第六章 目的论的马克思主义 …………… 133
一、功利主义的马克思主义 ……………… 134
二、非功利主义目的论的马克思主义 ……… 140
三、简短的评论 …………………………… 148

第七章　道义论的马克思主义 ………… 152
一、马克思、康德伦理学与道义论 ………… 152
二、混合道义论的马克思主义 ………… 159
三、简短的评论 ………… 165

方法重构：马克思主义伦理学与方法论

第八章　分析的方法与马克思主义伦理学 … 171
一、反辩证法的分析的方法 ………… 172
二、分析的方法的研究个案：被迫劳动 ………… 179
三、分析的方法的合理性及其边界 ………… 183

第九章　道德社会学的方法与马克思主义 … 188
一、历史唯物主义与道德社会学方法 ………… 188
二、道德社会学方法研究个案：道德是意识形态 ………… 194
三、道德社会学方法与道德哲学 ………… 199

结　语 ………… 202

参考文献 ………… 205

导 论

这部著作有三个关键词：20世纪70年代、英美、马克思主义伦理学。我们先从马克思主义伦理学说起。

马克思主义伦理学这个概念至少有两种含义。首先是指经典马克思主义（classical Marxism）意义上的伦理学或正统马克思主义（orthodox Marxism）意义上的伦理学。马克思主义伦理学在这个概念中是指真正的马克思主义伦理学，是符合马克思意愿和马克思主义本质的伦理学。但问题是：何谓经典？谁是正统？历史上不乏公认的或自居正统的马克思主义，也不乏名副其实或名不副实的马克思主义。如何才能作出判定？实事求是地说，这个问题的答案只能仁者见仁智者见智。不过，有一点似乎确定无疑：马克思本人应当是最经典、最正统的马克思主义代言人。所以，如果我们坚持"回到马克思"，或许就能了解"真正的马克思"，了解真正的马克思主义伦理学。不知是否也是受这个思路影响，在这一阶段的马克思主义伦理学研究中，虽然英美学者都在使用马克思主义伦理学这个概念，但绝大多数考察的只是马克思的伦理学。这意味着，其他马克思主义经典作家的思想和理论往往不在"分析"之列，甚至包括恩格斯。很显然，没有人会因为正统马克思主义的名号这么做，因此，"回到马克思"，或许只是为了尽可能地让马克思自己说话。但是，只限于考察马克思本人的伦理思想和道德观念而忽视马克思后继者的贡献是有失公允的。特别是把马克思和恩格斯区分开来，无视恩格斯在马克思主义伦理学上的贡献是极不妥当的。马克思、恩格斯虽然有些许的不同，但并不像一些学者理解的那样，可以从他们的细小差异中看出天壤之别。

另一种含义的马克思主义伦理学，虽然叫马克思主义，但并不是马克思主义的。因为它的立场在伦理学一边，而非马克思主义一边。正如一位分析的马克思主义者佩弗（R. G. Peffer）向读者介绍完自己根据马克思思想资源构造的社会正义理论之后扪心自问："这种更可取的主张所持有的立场是否可以被合法地界定为是马克思主义的呢？"他的回答是："毕竟，最终的重要性是立场或理论自身的正确性，而不是它们的血统。"[1]因此，当马克思主义伦理学在这个意义上被使用时，并不一定指具有马克思主义性质的伦理学，而是指一种与马克思主义有关的伦理学。所以，西方规范伦理学就会成为马克思主义的伦理基础。这就不难理解，为什么大多数学者重建的马克思主义的道德理论会是功利主义、道义论或美德伦理学，为什么一些西方伦理学问题也会成为马克思主义伦理学问题。总的看来，有相当一部分英美学者是在这个意义上使用马克思主义伦理学概念的。不过，尽管他们重建的理论和方法有这样那样的问题，从根本性质上说也不是马克思主义的，但对丰富和发展马克思主义伦理学、推动马克思主义伦理学面向生活实践、干预现实生活来说，具有一定的历史意义和现实意义。而这一点，正是正统的

---

[1] R. G. Peffer, *Marxism, Morality and Social Justice,* Introduction, Princeton University Press, 1990，p.32.

马克思主义欠缺的地方。①

严格地说，只能在第一种意义上使用马克思主义伦理学概念。背离了马克思主义性质，特别是否认历史唯物主义、剩余价值理论（劳动价值理论）、辩证法这些明显是构成马克思主义本质的要素，就无所谓马克思主义及马克思主义伦理学。事实上，马克思主义伦理学是一种新型的伦理学理论。它以历史的社会理论为根基，提供了一种理解人类伦理道德现象的全新视角。西方规范伦理学虽然在一定程度上可以部分解释马克思主义伦理思想和道德观念，但作为一套独立的制定道德原则、证成道德判断的标准化方式，是无法穷尽马克思主义伦理学的。另一方面，传统的马克思主义伦理学研究应当吸取西方规范伦理学的合理成分，密切关注当代人文社会科学领域的知识生长状况，不能一味地满足于宏观层面大而化之的泛泛而谈，也不能仅仅停留在传统的道德哲学领域裹足不前。在这一点上，布坎南（Allen E. Buchanan）的告诫值得认真反思："那些把对马克思主义的兴趣限制在道德问题上的哲学家，如果忽视正在快速演进的理性选择与制度分析理论的发展，那将是危险的。这样做就等于忽视了马克思的一个重要的洞见，即任何值得思考的道德观念必定不是乌托邦式的。"②

20世纪70年代、英美这两个关键词需要放在一起说明。20世纪70年代前后，西方世界马克思主义研究的中心地域开始迁移，从早先的欧陆（主要是西欧）地区转向英美地区，后者逐渐占据了西方世界马克思主义研究的主导地位，其影响延续至今。早在1983

---

① 上述区分是笔者根据学者们对马克思主义伦理学这个概念的使用情况自行总结的。考虑到写作上的需要，文中所使用的马克思主义伦理学概念一般不严格加以区分。

② Allen E. Buchanan, "Marx, Morality, and History: An Assessment of Recent Analytical Work on Marx," *Ethics*, vol.98, no.1, 1987, p.136.

年，英国新左派代表人物佩里·安德森就已指出："在过去10年中，马克思主义理论的地理位置已经从根本上转移了。今天，学术成果的重心似乎落在说英语的国家，而不是像战争期间和战后的情形那样，分别落在说德语或拉丁语民族的欧洲。"①由英美分析的马克思主义引领的马克思主义伦理学研究，正是从这里开始的。1972年，美国斯坦福大学道德哲学教授艾伦·伍德（Allen W. Wood）发表了《马克思对正义的批判》一文，掀起了一场"马克思与正义"的政治哲学争论，带动了马克思主义伦理学在英语世界的研究热潮。布坎南曾在一篇评论性文章中说道："自从伍德那篇具有开创性的论文《马克思对正义的批判》在1972年发表以来，大量关涉马克思哲学的著述惊人地涌现出来。如今，马克思的学说在英语国家政治哲学的普遍复兴中占据着显著的地位。"②大约从20世纪80年代中后期开始，研究马克思的伦理学，重建马克思的道德理论，越来越成为分析的马克思主义的工作重点。这项工作持续了30多年，至今仍在进行之中。历史地看，由分析的马克思主义引领的马克思主义伦理学研究，可以说是西方学界系统探索马克思主义道德理论的第一次尝试，相比前期的研究成果，显得更为深入、全面、专业。从这个意义上讲，这段历史在马克思主义伦理学发展史上具有特别重要的历史意义，是后续研究无法绕过的学术记忆。

除了20世纪70年代、英美作为历史背景的涵义之外，还有两点需要交代：其一，20世纪70年代这个划界只是一种带有历史象征意义的标示。这意味着，一些接近20世纪70年代前后的学术人物和理论作品也在本书的考察范围之内，例如卡门卡（Eu-

---

① 〔英〕佩里·安德森：《当代西方马克思主义》，余文烈译，东方出版社1989年版，第24页。

② Allen E. Buchanan, "Marx, Morality, and History: An Assessment of Recent Analytical Work on Marx," Ethics, vol.98, no.1, 1987.

gene Kamenka）和他的《马克思主义的伦理基础》（1962）。其二，英美在文中并非只局限于政治国家意义上的"英美"涵义。确切地说，它是指"英语世界"或"说英语国家、地区"。例如，《加拿大哲学杂志》的出版地并非政治国家意义上"英美"地区，但在这个杂志上，曾有过几次重大的争论，刊载过许多重要文章，是研究这段历史绕不开的一本重要的学术刊物。此外，还有一些学者，他们的国籍地、供职地、学术活动地总有变化发生，因此，一旦对英美这个关键词进行窄化处理，有一些重要人物就有被筛掉的可能。基于这些考虑，笔者对"英美"作了比较宽泛的理解。

  这本书的任务主要有两个：其一，尽可能全面、客观地综述研究文献，内容涉及代表流派、代表思潮、代表人物、代表著述、代表观点。英国新左派成员、《新左派评论》杂志编辑委员会成员杰拉斯（Norman Geras）曾作过相关的研究综述。在《关于马克思与正义的争论》（1985）与《把马克思带入正义：补遗与反驳》（1992）的两篇文章中，杰拉斯搜集了大量的争论材料，详尽地综述了各方的观点和立场。不过，杰拉斯的综述材料针对的只是"马克思正义观"研究，并未涉及其他方面。此外，杰拉斯综述的材料显得有些零碎、散乱、不系统，所以，那些对事件背景缺乏了解的人，阅读起来可能会有点费力。相比之下，佩弗在《马克思主义、道德与社会正义》（*Marxism, Morality and Social Justice*）（1990）一书中对材料的处理就很全面、完善。这部著作用了近1/2的篇幅综述了大量的马克思主义伦理学研究观点，基本涵盖了截至20世纪90年代西方马克思主义伦理学研究的大部分内容，是一部有助于系统全面地了解国外马克思主义伦理学研究状况和研究史的力作。与杰拉斯的综述偏重盎格鲁—撒克逊地区不同，佩弗的综述偏重北美地区，两者一结合，正好可以形成互补。不过杰拉斯和佩弗的综述文献都是20多年前的产物了，有必要结合许多新的材料对相关研究文献进行一个更长历史时期的综述。

其二，在综述材料的基础上，批判地分析和考察英美学者们提出的各种观点和理论。这是一项比较复杂且难度较大的工作。如果说，文献综述的难点主要在于如何组织安排材料，那么分析与评论的难点就在于作者要对马克思主义理论以及马克思主义伦理学有比较全面的了解。因为，马克思主义理论是个整体，各种子理论之间都是相互关联的，所以，马克思主义整体的理论结构是比较复杂的。这意味着，作者不但要从总体上把握马克思主义理论，还要弄清马克思主义伦理学与马克思主义整体及各部分的关系，这样才能做到对马克思主义伦理思想和道德观念的"具体的总体"认识。接下来，笔者将从政治哲学与伦理学的关系出发，引申地谈这个问题。

前面已经说过，这一阶段的马克思主义伦理学研究是被马克思主义政治哲学研究带动起来的。但为什么政治哲学研究会带动伦理学研究呢？其实，作为规范理论，政治学和伦理学有着一衣带水的关系。它们的历史渊源一直可以追溯到古希腊。在亚里士多德那里，伦理学的"应当"和政治学的"应当"原本就是联系在一起的。在《尼各马可伦理学》中，亚里士多德教导人们，德性是内在的、固有的、具有善价值的品质，德性的获得在于符合中道的行动，因此，个人应该通过占有并实现德性的方式过幸福的生活。这是一种意义上的"应该"，道德的"应该"。同时，亚里士多德还告诉我们，除了道德之"应该"，还有政治学之"应该"。在亚里士多德看来，政治学之"应该"是关于城邦共同体立法和政制的"应该"，立法是为了"法律要求公道的行为"，而出于"关心公民成长"的考虑,"最好是有一个共同的制度",因此,"共同的关心总要通过法律来建立制度,有好的法律才能产生好的制度"。所以在《尼各马可伦理学》的末尾,他才把立法学和政制问题结合起来,"尽可能地完成对人的智慧之爱"。不难看出,他显然认为,道德之"应该"在于使人过上幸福的生活,而政治之"应该"恰恰也在于使人过上幸福生活。不同的是,道德"应该"的立足点是基于人性的个体德性,而政治之"应该"是基于对个体德性的了解,在城邦共同体层面要求的"法"或"政制"的善。正因为如此,在《尼各马可伦理学》研究完德性之后,紧接着就是研究法或政制的《政治学》的开始。①

亚里士多德的立场,后来逐渐发展成西方政治思想史上一种延续至今的传统:道德之"应该"与政治之"应该"是不可分割地纠缠在一起的。所以,这也就是马克思主义政治哲学研究必然连带着伦理学研究的原因。进一步说,由于马克思主义政治哲学离不开马克思主义政治经济学,而马克思主义的政治经济学又是马克思主义的根本,所以,马克思主义伦理学就要在政治经济学中寻找根基。但是,马克思主义政治经济学是需要"历史地加以考察的",这意味着马克思主义政治经济学要在马克思主义历史学中寻求正当性。从而,马克思主义伦理学就要在这种正当性中发现支撑自己的客观性。可见,马克思主义伦理学是如何与马克思主义政治学、政治经济学、历史学(及社会学)发生关联的。可想而知,马克思主义道德理论是必定离不开马克思主义政治理论、经济理论、历史理论、社会理论的。

结上所述,笔者以为,理解马克思主义伦理思想和道德观念,

---

① 〔古希腊〕亚里士多德:《尼各马可伦理学》,廖申白译,商务印书馆2003年版,第311—318页。

需要把握以下五条原则：经济规定论、历史规定论、阶级规定论、规律规定论、人与社会的协调发展。所谓经济规定论，就是坚持从利益的角度看待道德的起源与本质，从经济利益的角度看待利益的起源与本质。所谓历史规定论，就是坚持历史地、社会地看待道德的变化发展，反对抽象的、永恒不变的绝对价值和普世原则，反对相对主义和虚无主义。所谓阶级规定论，就是坚持从阶级利益和阶级对抗的角度看待道德的本质与功能，坚持道德是意识形态的同时，强调道德在无产阶级革命、社会主义建设中的功能与作用。所谓规律规定论，就是坚持道德的发生、发展、变化是有规律可循的，要善于从经济规律、历史规律、社会规律、心理规律中发现道德变动的规律。所谓人与社会协调发展原则，就是坚持人的发展与社会发展可以协调的原则，坚持从人的发展与社会发展的矛盾关系中看待人与社会及其相互关系，反对把人的发展与社会发展完全对立起来的做法。总之，这五条原则就是这部书在伦理学上的马克思主义立场。

绝大多数英美学者研究马克思主义伦理思想和道德观念是从一个所谓的"马克思反道德论问题"着手的。马克思对道德的态度，个人的总体印象是似是而非的：一方面，他反对道德化批判，把道德说成是虚假的意识形态，既没有独立的本质，也没有独立的历史。他反感对工人阶级进行道德说教，认为共产主义不是应当确立的状态，不是现实应当与之适应的理想，而是消灭现存状况的现实活动。这样看，马克思的确是个"反道德论者"。但通过对马克思的进一步阅读，又不难发现，在马克思各个时期的著述中，他经常使用"剥削""侵占""盗取"这些明显带有道德评价性质的日常词汇谴责资本主义。这样看，马克思成了"道德斗士"。这是马克思本人也没有意识到的"自相矛盾"，还是另有说法？针对这个问题，学者们大致分成了马克思主义非道德论（Marxist immoralism）和马克思主义道德论（Marxist moralism）两派。前者认为，马克思的立场要么是反对道德，要么就是无关道德；后者却认为，虽然马克思没有现成的、直白表述的道德思想或理论，但重建马克思的伦理学不仅意义重大，而且并非不可能。比较而言，马克思主义道德论者是多数派，马克思主义非道德论者是少数派。

在马克思主义道德论者看来，道德价值是马克思谴责资本主义、推崇共产主义不可或缺的理由之一，它们完全可以被"分析"出来重建马克思的伦理学。这些价值包括正义（justice）、人类共同体（human community）、自由（freedom; liberty）、人的尊严（human dignity; human worth）、人的解放（human emancipation）、自主（self-determination; self-mastery; self-control）、自我实现（self-realization; self-actualization; self-development）。马克思的伦理学既可以建立在某个价值的基础上（例如正义或自由），也可以建立在特定的价值组合的基础上（例如正义与人类共同体、自主和自我实现的组合）。不同的价值构造决定了马克思道德理论的不同特质。从结果上看，绝大多数英美学者倾向于把马克思主义道德理论归结为某种形式的功利主义、道义论和美德伦理学，实际上并没有超出西方规范伦理学体系的框框。此外，在研究过程中，除了传统的道德哲学方法，学者们还运用了分析的方法和道德社会学方法研究伦理道德问题。这些以往很少用于或从未用于马克思主义伦理学研究的方法，不仅带来了新颖的论证方式，也带来了一些全新的观点。

经过上文的简单勾勒，似乎可以从中确立一种内在的逻辑线索：

（1）如何理解马克思本人和马克思主义对待道德的"矛盾"现象？

（2）如果"矛盾"只是表面现象，那么，能不能在马克思的思想中提炼出一些道德价值？

（3）如果问题（2）的工作富有成效，那么是否能以这些价值为基础重建马克思主义道德理论？

（4）如果问题（3）的重建工作得心应手的话，那么，除了一些传统的研究方法外，还能借助何种分析利器呢？

上述四个环节可以被归结为：问题、价值、理论、方法四个方面。实际上，这四个方面构成了这本书的总体结构：

第一方面是问题重现：为什么说马克思主义与道德的关系又重现？它是如何重现的？

第二方面是价值重塑：马克思主义道德价值有哪些？如何理解这些价值及其相互关系？

第三方面是理论重建：马克思主义道德理论有哪些？如何理解这些理论及其相互关系？

第四方面是方法重构：研究马克思主义伦理学的方法有哪些？这些方法之间有何关联？

各方面主要内容及观点如下：

一、问题重现：马克思主义与道德

这一部分阐述了英美学者是如何通过应对"马克思主义反道德论问题"开始马克思伦理学研究的。通过对学者观点的引介和分析，笔者指出，马克思之所以反对道德化批判，只是因为单纯的道德化批判只能带来历史的悲剧。像社会变革这样异常繁难的艰巨任务，需要各种社会力量的配合与关键力量的主导，而道德无论如何都不可能是主导力量。但这并不意味着马克思要贬低道德或无视道德，马克思只是认为，道德批判一定要符合现实、结合现实，才能发挥自身的功能和作用。

马克思主义的反道德论问题不是现在才有的，而是贯穿整个马克思主义史的。马克思主义在科学主义和人道主义上的分野，其实就是对伦理道德态度的分野。伦理道德实际上塑造了马克思主义研究中的科学主义传统和人道主义传统。所以，从历史的角度出发，笔者着重分析了第二国际时期伯恩斯坦和考茨基的对峙及20世纪60年代法国存在主义人道主义和结构主义人道主义的争端，意在说明：伯恩斯坦提出的伦理社会主义是人道主义马克思主义传统的源头，而考茨基的正统马克思主义是科学主义马克思主义的源头，两大传统的对立在20世纪60年代的法共内和法国思想界达到了顶峰。紧接着，分析的马克思主义开始崛起。而马克思主义道德论和非道德论两派就是两个传统的延续。

笔者认为，有三个具体问题特别地关系到伦理道德在当代马克思主义理论与实践中的处境和地位。这三个问题分别是：剥削与道德、革命与道德、正当与道德。

（一）剥削概念的经济含义与道德含义

马克思的剥削概念究竟是单纯的描述性概念，还是带有价值评价的规范概念？学者们对此看法不一。笔者同意布坎南在这个问题上的观点：剥削突出地表现为对人的有害利用。从道德上讲，马克思显然认为，剥削就是把人当作纯粹为自己赢利的工具，或把人当作非人的东西加以使用，因而是应该遭到道德谴责和道德批判的。

（二）无产阶级的革命意识与道德动机

如果资本主义社会造就的是原子式的利己的个人，无产阶级的阶级意识如何形成？无产阶级革命何以可能？英美学者用博弈论研究了这个问题，认为精明理性不可能促成集体的革命行动。只有借助道德的力量，才能激发革命意识，加强无产阶级的凝聚力，促成革命行动。

（三）道德判断的正当性与客观性

无论是借助一定的道德标准分析和批判剥削，还是凭借某种道德原则规范和引导无产阶级革命，最终都要归结到这样一个根本问题上来：如何理解这些道德标准和道德原则的正当性和客观性？可以说，如果这一问题得不到合理的说明，使用这些标准和原则进行道德判断就没有合法性。通过分析论证，笔者认为，道德判断的客观性中带有某种必然性，而这种带有必然性的客观基础最终来源于物质生产方式的历史发展，来源于阶级利益。

二、价值重塑：马克思主义与价值类型

被分析出的道德价值包括：正义、人类共同体、自由、人的尊严、人的解放、自主、自我实现。正义和人类共同体是伦理价值（共同体价值），其中正义是核心价值。自由和人的尊严、人的解放、自主、自我实现是道德价值（个体价值），其中自由是核心价值。

（一）作为伦理价值的正义

关于马克思如何理解正义价值的问题，塞耶斯说得比较中肯：

在马克思那里，道德价值建立在社会理论基础之上，这种理论不是纯粹的乌托邦和道德论，而是拥有坚固的、客观的和科学的基础（即历史唯物主义）。所以，不同的社会关系要求不同的正义原则。这些原则随着特定的条件出现，对于它们的时代来说是必然的和正确的。但是随着时间的推移，随着新的社会秩序得以产生的条件发生了变化，先前的原则就会失去必然性和正确性。从这个意义上讲，正义是一种伦理价值。社会伦理关系是正义原则的基础。而社会伦理关系的变化发展又是历史的、社会的，最终受制于生产关系的。

（二）作为道德价值的自由

马克思的自由概念和生产实践紧密关联。理解马克思的自由概念需要结合对必然性、对象化活动、共同体的理解。人的自由是认识自由和实践自由的统一，实践自由是根本。从而，人的自由就在于通过实践被对象化的程度以及人在实践中所能实现的对象化程度。由于实践自由离不开一定的社会共同体，所以人的自由就是人在生产实践中具体地、社会地、历史地、现实地实现对象化活动的程度，也就是人所能达到的改造世界的程度。所以，从这个意义上说，作为道德价值的自由是一种个体价值，它包括人的尊严、人的解放、自主、自我实现这些价值。自由和这些价值间有着内在的逻辑关联。

（三）价值类型与黑格尔的伦理学

在笔者看来，分析的马克思主义对正义价值和自由价值的重建极大地丰富和发展了马克思的正义观和自由观，也提供了不少值得借鉴的评价标准，从一定意义上突破了马克思主义伦理学历来"解释力强、规范性弱"的不利局面。但是，绝大多数分析的马克思主义者严重低估了马克思思想中的黑格尔遗产，完全是在拒斥黑格尔的基础上重建马克思。实际上，不联系黑格尔的精神哲学，就无法真正理解马克思想而未做的伦理学。马克思对黑格尔伦理学的继承主要是吸收了黑格尔伦理道德辩证法的"合理内核"。

三、理论重建：马克思主义与伦理学

虽然当代西方规范伦理学流行的是效果论、非效果论和美德伦理学的划分。但笔者还是采用了较早的划分方式：目的论和道义论。笔者以为，这种方式比较契合马克思的思想。据此，笔者把美德伦理学划进了目的论，作为非功利主义目的论的马克思主义讨论。

（一）目的论的马克思主义

功利主义提出的善都是现实的、具体的、丰富的。从关注实际生活、强调利益实现的角度来说，功利主义的确符合马克思主义的基本精神。但功利主义在理解各种非道德善的时候，总是从个体固有的经验出发，依循的是方法论的个人主义（methodological individualism），与马克思从社会关系的角度理解个体价值的思想方法并不一致。尽管"最大多数人的最大幸福"道出了人类美好的初衷，但在现实生活中却可能造成严重的两极分化。作为非功利主义目的论的美德伦理学，其实是把道德建立在某种人性至善论的基础上。虽然它在一定程度上拉近了人与道德的距离（通过欲望和需要），规避了"自然主义谬误"，但这种伦理学方式终究不是马克思主义的。

（二）道义论的马克思主义

马克思的道义理论多半是混合道义论（mixed-deontology）：一种更为接近功利主义的更完备的道义理论。但无论是严格的道义论还是混合道义论，由于道德价值必须是理论的基石和根本，是作为起点和终点的绝对，所以，道义论无法从根本上协调道德原则的绝对要求与马克思、恩格斯对这种要求的批判之间的紧张关系。更为重要的是，道义论其实无法从根本上调和相对主义与绝对主义的冲突，因为这种冲突是不可能由道德系统独立调和的。在马克思看来，道德原则的正当性依据问题，不是一个靠形而上学（本体论意义上）就能奠基的问题，它在本质上是一个由一定共同体利益维系的形而下问题。道德原则的合理性、合法性也好，相对性、绝对性也罢，实际上都源自这个形而下的根基。

四、方法重构：马克思主义伦理学与方法论

英美学者还提出了两种研究马克思主义伦理学的新方法：分析的方法和道德社会学的方法。分析的方法涉及三门技术，分别是语言逻辑分析、经济分析、理性选择分析。在使用分析的方法研究马克思主义伦理学时，要注意区分合理性及其边界。道德社会学方法就是从社会重要性和社会必要性的角度，从道德本质和功能看待道德的方法。笔者结合具体的研究个案展示了这些新方法的用法，与传统方法做了大致的比较，同时指出了这些方法本身存在的一些问题。

这项工作既牵涉思想史研究，也关系到理论的体系化探索，是一项综合性较强的研究工作。不过笔者在这本书里既没有考察历史

上的马克思主义运动，也没有结合历史考察具体的现实问题，只是纯粹地在搞理论。按理说，虽然理论研究必不可少，但对马克思主义伦理学这门实践性强的学科来说，如果能把生活史与思想史结合起来加以研究，必定会使研究质量更加上乘。但对目前的笔者来说，似乎有点力所不逮。实事求是地讲，笔者给自己制定的这项工作规模较大、任务较重、难度不小且不易成功。不仅如此，这项工作需要有一定的跨学科研究背景，需要涉猎较广泛的知识领域，对学科知识间的融会贯通程度要求较高，所以，要做好这项工作实属不易。对此笔者只能尽力而为。

问题重现：马克思主义与道德

第一章
马克思主义的"反道德论"问题

马克思主义与道德的关系，一直是马克思主义史上备受争论的问题。但有趣的是，这个问题从来没有得到很好的解决。以至于人们不禁要问：为什么在许多与马克思主义相关的重大理论争论和政治事件中，总会出现道德问题？为什么这个问题一直出现但却至今无解？马克思主义与道德的关系究竟怎样？

20 世纪 70 年代前后，这个问题再次进入研究视野，成为西方学界热议的焦点。这次的导火索是一场"马克思与正义"的政治哲学争议。这场争论的道德相关性在于：马克思是不是根据正义价值批判资本主义？这个价值是不是道德价值？马克思的道德立场是什么？随着研究的不断深入和拓展，道德问题不再限于马克思的政治哲学领域，它与马克思的历史学、经济学、社会学等诸多领域也发生关联，如历史与道德、剥削与道德、革命与道德、意识形态与道德，从而开始了西方学界首次系统地探索马克思主义道德理论的先河。就这样，对马克思主义与道德关系的重新探讨，又把一个历史上的老问题翻了出来：马克思对道德的态度究竟如何？马克思究竟是不是一个反道德论者？其实，这些问题无非是要问：马克思主义的道德概念究竟是什么？

一、马克思对道德的态度：非道德论与道德论

马克思对道德的态度，留给人的总体印象似乎是两面的：一方面，他一贯抵制对资本主义社会的道德化批判，甚至在写作过程中刻意回避伦理学术语，但在另一方面，他的政治经济学批判总是带有强烈的道德义愤，总是鲜明地拥护革命无产阶级的立场。一面是科学的"价值中立"，一面是激进的"价值辩护"。这两方面都能在马克思的著述中找到立本根据。那么，马克思对道德的态度究竟是哪一面呢？针对这个问题，学者们的观点大致分成了两派：主要支持前者的马克思主义非道德论和主要支持后者的马克思主义道德论。

马克思主义非道德论认为，马克思的立场要么是反对道德，要么就是无关道德。[①]总之，要么是从总体上，要么是在某个领域，马克思主义是道德无涉的。马克思主义非道德论者一般会把马克思主义看作是追求"客观事实"的"科学"理论，而伦理道德在马克思或马克思主义那里只能是"虚假的意识形态""消极地受物质生产方式决定""社会的保守力量"，是应该给予批判或排斥的对象。马克思或马克思主义既不把伦理道德当作分析、批判资本主义社会的依据和标准，也不凭借伦理道德评价社会主义和共

---

① 虽然反道德论与非道德论有所区别，但在讨论马克思主义与道德的关系时，实质上是一回事。所谓反道德论，是指马克思反对道德，认为道德价值毫无意义，既不值得研究也无话可说，可谓是从总体上对道德的拒绝。所谓非道德论，其实是一种排除法。一般来说，某个学者会说马克思在某个领域有规范价值，但此价值非道德价值，所以马克思或许有道德观点，但在这里的确没有。其实，道德价值在经济领域、政治领域、社会领域都有被研究者"非"掉的实例，所以，从这个意义上说，非道德论是变相的反道德论的局部。这两者看似肯定不同，其实貌离神合。正因为如此，许多学者在行文中往往不加区分。

产主义的优先性，更不把伦理道德当作是革命的无产阶级推翻资本主义社会，实现社会主义和共产主义社会的重要手段。即使马克思主义理论中存在着不可或缺的规范性（normative）要素，也不能称之为是道德的规范性，而仅仅是指诸如需要（need）、欲望（desire）、利益（interest）、快乐（happy）等非道德善（nonmoral good）。马克思主义非道德论者主要有伍德、米勒（Richard W. Miller）、克利尔（Andrew Collier）、斯坎伦（Anthony Skillen）、塔克（R. C. Tucker）等。

　　伦理道德在马克思主义理论体系中应占有一席之地，是马克思主义不可或缺的组成部分。坚持马克思主义道德论并不会妨碍马克思主义的科学性，而是相得益彰。马克思主义道德论者往往认为，道德价值是马克思谴责资本主义、推崇共产主义不可或缺的理由之一，它们完全可以被分析出来重建马克思主义伦理学。这些价值包括正义、人类共同体、自由、人的尊严、人的解放、自主、自我实现。马克思主义伦理学既可以建立在某个价值的基础上（例如正义或自由），也可以建立在特定的价值组合的基础上（例如正义与人类共同体、自主和自我实现的组合）。不同的价值构造决定了马克思主义伦理学的不同特质。马克思主义道德论者主要有科恩（G. A. Cohen）、埃尔斯特（Jon Elster）、罗默（John Roemer）、肖（William Shaw）、杰拉斯、杨（Gary Young）、胡萨米（Z. I. Husami）、布坎南、艾伦（D. P. H. Allen）、布伦克特（G. G. Brenkert）、卢克斯（S. Lukes）、艾瑞森（R. J. Areson）、尼尔森（Kai Nielsen）、范德威尔（D. van de Veer）、佩弗、王尔德（Lawrence Wilde）等。不难看出，马克思主义道德论者是多数派，马克思主义非道德论者是少数派。

　　伍德和米勒是少数派中的典型代表人物。在伍德看来，道德善包括美德、权利、正义、义务的实现以及对这些品质的占有，而非道德善则是那些即使没有道德承诺，也可以去追求和占有的、人们愿意拥有的善，例如快乐和幸福等。正是在这一意义上，马克思将其对资本主义的批判建立在诸如自我实现、安全、身体健康、舒适、共同体和自由等非道德善的规范性基础之上。因此，"马克思对资本主义的谴责通常是因为资本主义无法向人们提供以上所列举的非道德善目，并拒绝那些认为现存的社会生产力可以通过对生产组织更加理性与民主的安排解决这一问题的主张。可是，马克思从没有主张这些应该提供给人们的善是因为人们有权获得它或正义需要它。很显然，他认为这些非道德善的价值是充分的，它远不同于我们用爱或是罪恶感去使任何有理性的人所信服的那些主张"[①]。由此，伍德认为马克思依据的是一种具有"综合理论"特征的历史科学而非伦理道德来分析和批判资本主义社会，并推证社会主义与共产主义的正当性与价值优先性的。

米勒与伍德的立场基本一致。在他看来，马克思不仅拒绝正义，而且拒绝所有的道德价值。从政治哲学的角度来看，米勒认为，寻求解决政治问题的基础，在于从诸多社会安排与社会战略中获得道德。这种道德从狭义上讲，区别于自利、阶级利益、合理利益或纯粹的审美关系。米勒进而认为，可以作为政治决策基础的道德只能被界定为如下三种特征：

（1）平等，即人们被视以平等的考虑与尊重以及享受平等的地位。

（2）一般规范，即任何重大政治问题的正确解决在于把有效的一般规范用于当下事件中的特殊事实上。

（3）普遍性，即任何具有正常情感的人，通过理性地反思相关

[①] Allen W. Wood, *Karl Marx*, Routledge & Kegan Paul, 1981, pp. 126-128.

事实与争论都将接受这些价值。①

据此,在米勒看来,作为解决政治问题之基础的道德应该是中立的、无偏私的。正因为马克思的理论批评和拒绝上述所有原则,所以必定是道德无涉的。因此,从马克思的政治理论来看,马克思是一个非道德论者。

显而易见,伍德和米勒之所以会把马克思看作是个非道德论者,是因为他们所持的道德概念与马克思的理论不相容。从伍德的表述来看,他似乎是个非效果论者:某种形式的德性论者或道义论者。在他看来,由于马克思不可能是一个德性论者或道义论者,所以马克思就是一个非道德论者。但是,把马克思的道德理论解释为功利主义的学者显然不会同意伍德的立场。不仅如此,甚至还有学者从混合道义论的角度重建了马克思的伦理学。不过,从伍德的道德概念出发,他肯定会反对这些所谓的重建。米勒的立场看似很明显,其实是一种看不懂的道义论。正如布坎南所言,他的道德概念既不是康德的,也不是罗尔斯的,甚至不是任何形式的道义论。因为米勒的正当性原则消除了所有的社会差别,是一个没有任何实质内容的无原则的原则。在布坎南看来,即便是康德意义上的道义论,也会认同"在一场正义的战争中应当剥夺恶人或敌人的个人自由乃至生命。只要不滥用暴力,避免不必要的痛苦等即可"②。

以伍德和米勒为代表的非道德论一边的对立面,是为数众多的马克思主义道德论者。他们一般都认为,马克思的反道德论态度或非道德论立场只是表面现象。这些现象可以通过对特定文

---

① Richard W. Miller, *Analyzing Marx: Morality, Power, and History*. Princeton University Press, 1984, pp. 16-17.

② Allen E. Buchanan, "Marx, Morality, and History: An Assessment of Recent Analytical Work on Marx," *Ethics*, vol. 98, no. 1, 1987, pp. 120-121.

本语境的解读得到合理说明。实际上，马克思有自己的道德概念和道德立场，需要挖掘和重建。循着这个思路，学者们提出了各自不同的反反道德论理由。

塞耶斯在《分析的马克思主义与道德》一文中就认为，马克思主义首先是一种社会理论。它把道德看作是社会和历史现象，看作是意识形态的一种形式。由此，它将道德视为社会和历史环境的产物，并力图用这些术语来解释道德。马克思的主要目的是分析和理解道德观念的社会意义，而不是简单地批判和消解它们。同时，马克思主义不仅是一种社会理论，而且还采取了实践的（评价性的、道德和政治的）姿态。马克思主义试图将其价值取向和对资本主义的批判建立在社会理论的基础之上，这使其理论不是纯粹的乌托邦和道德主义，而是拥有坚固、客观和科学的基础。塞耶斯同时指出，在认识到道德价值的历史性和相对性特征的同时，也要警惕堕入相对主义和怀疑主义中的危险。[①]

王尔德在《马克思主义的伦理思想者》一书的导言中认为，马克思的反道德论只是一种策略。原因在于：其一，马克思反对用道德话语来表达反对资本主义、支持社会主义的论证，因为道德话语会模糊原本清晰而科学的分析。马克思认为道德总是用来支持统治阶级的，因此，用它来批判社会现状会陷入"以道德来逃避历史"的陷阱。但是，这并不表示马克思反对道德。其二，马克思在《共产党宣言》中不仅表明了对空想社会主义的批判，而且称赞了空想社会主义对现有社会所有原则的批判，认为这种批判为工人阶级的启蒙提供了最有价值的材料。其三，马克思在《法兰西内战》中认为工人阶级没有理想可以实现，仅仅从自己的利益出发就可以

---

① S. Sayers, "Analytical Marxism and Morality," *Canadian Journal of Philosophy*, Supplementary vol. 15, 1989, pp. 81-104.

保证自己和社会的解放。这恰恰意味着，工人阶级并不需要放弃道德理想；相反，他们会发现真正地实现这些理想的手段。①

尼尔森在《马克思主义与道德观》一书中也认为，马克思主义所谓的反道德论和对资本主义的批判中体现的道德思想不仅并不矛盾；相反，它们是一致的。易言之，马克思主义者强调道德是一种意识形态（这里的意识形态有特殊含义，它由生产方式决定，代表统治阶级利益），与从道德上批判资本主义社会，为社会主义社会辩护并不矛盾。他进而认为，上层建筑中包含着受阶级利益左右或影响的意识形态，但也包含非意识形态的其他意识。一个马克思主义者，不必，也不应断定所有道德都必然是意识形态。②

卢克斯在《马克思主义与道德》一书中剖析了马克思的道德观与共产主义价值精神之间的关系，认为只有理顺这些关系，才能从道德上和实践上都说得通，才能使共产主义事业兴旺发达。卢克斯认为，在马克思那里有一种鲜明的反差，这种反差体现在谴责资产阶级的法权（recht）道德与提倡共产主义的解放道德之间。由此，他把道德区分为权利的道德和解放的道德两种，并认为，马克思主义要澄清反道德论，就要把权利道德指责为意识形态的和不合时宜的，而把解放道德采纳为自己的道德。③

还有一些学者认为，马克思既是反道德论者，又是道德斗士，这是连马克思本人都没有意识到的自相矛盾。杰拉斯便是其中的典型代表。在他看来，马克思在文本中显现的反道德论态度和隐

---

① Lawrence Wilde(ed.), *Marxism's Ethical Thinkers*, Introduction, Palgrave, 2001, pp. 1–15.

② Kai Nielsen, *Marxism and the Moral Point of View: Morality, Ideology, and Historical Materialism*, Westview Press, 1989, pp. 3-6.

③ Steven Lukes, *Marxism and Morality*, Oxford University Press, 1987, pp. 1–27.

含在文本中的正义立场形成了鲜明的对比。甚至马克思本人都没有察觉到自己在道德问题上的前后不一致。作为分析的马克思主义者，杰拉斯反对用辩证的方法解读马克思的自相矛盾，并认为，试图用辩证的眼光看待这一矛盾的学者是在耍"辩证法的诡计"，根本无益于问题的解决。①

对马克思主义道德论者来说，抵制反道德论并非难事，关键是要解释马克思"反"的是何种道德，"赞"的又是何种道德。可以说，只要是马克思主义道德论者，这两个问题是必须回答的。可想而知，马克思"反"的不可能是资本主义社会的道德，因为这句话里的"资本主义"是对"社会"这一概念的本质属性的指称，并不意味着"资本主义"是"社会"的全部内容。所以，对于一个在根本属性上是资本主义的社会来说，不可能只有一种名为资本主义的道德。如果是这样，反资本主义道德，就是反对道德本身。言下之意，马克思反对的必定是资产阶级道德，认同的必定是无产阶级道德。那么何谓资产阶级道德和无产阶级道德呢？显然，对阶级道德的区分只能从生产关系的角度来理解。因此，资产阶级道德适应资本主义生产方式（雇佣劳动制——现代新型奴役制），无产阶级道德适应社会主义生产方式。无论学者们把资产阶级道德和无产阶级道德如何命名——权利的或解放的、资产阶级意识形态或无产阶级意识形态等等——对道德的理解必定离不开社会现实，尤其是经济现实，这与传统的为道德奠基的形而上学方法有着根本的不同。所以，正如塞耶斯所言，至少在马克思这里，历史的社会理论才是伦理学的真实基础。

但是，这里有两个问题需要注意：其一，不能把社会主义道德

---

① Norman Geras, "The Controversy about Marx and Justice," *New Left Review*, 150, 1985.

和共产主义道德仅仅理解为道德理想，理解为后资本主义社会（post-capitalism society）的产物。这样就会错误地把社会主义或共产主义道德理解为与资本主义道德完全无关的东西。其实，正如社会主义因素是资本主义社会内部资本主义的对立物一样，社会主义道德在资本主义社会内部是由无产阶级道德演变而来的。如果不从辩证的角度理解社会发展的规律及其性质，就会陷入非此即彼的两个误区：要么像非道德论者那样只从一种社会道德概念即资本主义道德概念理解当前社会的全部道德，要么就像杰拉斯认定的那样，马克思必定有一种超历史的（trans-historical）道德评价标准。若不然，马克思是如何做到既不能让资本主义道德自说自话，又不能让乌托邦道德误人子弟的呢？其二，由前一个问题可以推出：由于资本主义生产方式可以催生两种相互对立的道德观，所以，在一套道德话语体系之下，可以有两种不同的"实践—精神"的把握生产方式的方式。这意味着，无产阶级不用专门设计一套道德话语体系谴责资产阶级并为自己辩护，他们只要在资产阶级的话语体系中找到由利益冲突引起的现实对立，找到这个话语体系的虚伪和自相矛盾，就可以直接以子之矛攻子之盾。而未来的社会主义道德就是在这种对抗中不断成形的。虽然社会道德不能单独作为社会批判的有力武器，但是，如果进步道德赖以形成的现实基础已然确立或逐渐成形，那么道德就完全可以作为思想批判的武器与现实的批判武器携手并进、相得益彰。不仅如此，在这种历史条件下，道德批判不仅必要，而且不可或缺。所以，从这个意义上说，马克思之所以反对道德化批判，只是因为单纯的道德化批判只能带来历史的悲剧。像变革社会这样异常繁难的艰巨任务，需要各种社会力量的配合与关键力量的主导，而道德无论如何都不可能是主导力量。但是，这并不意味着马克思蔑视道德的崇高，他或许只是认为，道德就像好钢，一定得"使在刀刃上"。

总而言之，马克思主义的反道德论问题是马克思主义理论中一个备受争议的重要问题。任何试图重建马克思主义道德理论的学者，都必须正面回答这个问题，并由这个问题引出各自不同的对马克思主义道德观的理解。但值得注意的是，这个问题不是20世纪70年代以后才有的，马克思主义与道德的关系问题贯穿了整个马克思主义发展史。所以，简要地回顾一下马克思主义与道德的过往史，会有助于我们在思想史中找到一些规律性的东西，有助于我们更好地理解马克思的道德观和马克思主义伦理学。

二、马克思主义史上的道德争论与研究传统

有一个比较奇怪的现象是：20世纪70年代以后研究马克思主义伦理学的大多数现代西方学者都不太关注前人的研究成果。[1]但事实上，马克思主义与道德的关系问题一直是历史上的老问题。许多马克思主义者和非马克思主义者都在这个问题上发表过意见。马克思、恩格斯在世的时候，对各种社会主义道德论者的批判就从未停止过。列宁在革命早期也对自由派的"人民之友"和民粹派的道德浪漫主义作过激烈的批判。第二国际时期，伯恩斯坦在新康德主义的基础上提出了伦理社会主义，这种修正主义遭到了以考茨基为代表的正统马克思主义的群起批判，尽管是非常不彻底的、粗陋的批判。战后，法共理论家阿尔都塞批判了加罗林的马克思主义人道主义理论，在提出了"马克思主义是理论上的反人道主

---

[1] 英国诺丁汉特伦特大学的政治学教授王尔德在一本论文集的导言中提过这一现象，由他主编的这部论文集就试图从思想史的角度考察马克思主义人道主义的学术传统。Lawrence Wilde (ed.), *Marxism's Ethical Thinkers*, Introduction, Palgrave, 2001, pp. 1-2.

义"口号的同时,也遭致以沙夫为代表的人道主义马克思主义的反批判。在盎格鲁—撒克逊地区,受苏共二十大的刺激,第一代英国新左派的旗帜人物汤普森提出了"社会主义人道主义"的口号,引出了一场旨在反对斯大林主义社会主义模式的人道主义争论。当代著名伦理学家麦金太尔在他的青年时代曾为社会主义人道主义提供了在当时最有力的道德论证。这些历史事件足以说明,马克思主义与道德的关系不仅重要,而且难解。甚至可以毫不夸张地说,这种复杂的关系在一定程度上影响了马克思主义的研究史。

众所周知,在马克思主义研究史上,有所谓的科学主义的马克思主义与人道主义的马克思主义的分野。科学主义的马克思主义一般被冠以"正统马克思主义"的称号,是马克思主义系统内的权威派。而人道主义的或批判的马克思主义要么是马克思主义系统内的非主流,要么就是系统外的反对派。从某种意义上说,所谓的科学主义与人道主义的分野,其实就是马克思主义对伦理道德态度的分野。因此,甚至也可以说,马克思主义对伦理道德的态度和立场在很大程度上影响了马克思主义的研究方式或研究传统。在笔者看来,20世纪70年代以后马克思主义的非道德论与道德论之争,实际上是这两种研究方式的延续。相应地,马克思主义非道德论比较靠科学主义的马克思主义传统,而马克思主义道德论则比较亲人道主义的马克思主义传统。

由于文题所限,笔者不可能在这里详尽地梳理马克思主义伦理思想发展史。但作为20世纪70年代英美马克思主义伦理学研究的引论,笔者打算专门讨论马克思主义伦理思想发展史上的两次重大争论:一次是第二国际时期考茨基与伯恩斯坦的争论;一次是20世纪50—60年代,以阿尔都塞为代表的结构主义的马克思主义与人道主义马克思主义的争论。在笔者看来,科学主义与人道主义这两种研究传统源于第一次争论,或者说是通过第一次争论的发酵而来。第二次争论不仅离本书写作内容的年代最近,也是科学主义与人道主义在此之前理论强度最大的一次交锋。

(一)伦理社会主义与正统马克思主义

在科拉科沃斯基(Leszek Kolakowski)的马克思主义史著作《马克思主义主流》中,第二国际的 25 年被称作马克思主义的黄金时代。在世界范围内,以马克思主义为指导的社会主义运动蓬勃兴起。德国和法国不仅组建了强盛的马克思主义政党,而且有着良好的群众基础。同时,马克思主义思想还在澳大利亚、俄国、波兰、意大利、西班牙、比利时等国的工人阶级运动中扮演着重要的角色。马克思主义政治运动的兴盛带来了理论研究上的繁荣。第二国际时期出版了许多重要的理论著作,主要涉及历史唯物主义的一般性问题、用马克思主义的基本原理解释特定时期的历史事件、帝国主义经济问题等等。不过,这一阶段的理论成果多集中在经济领域和历史唯物主义总论方面,哲学上的探讨并不充分,且关注的重点仅限于马克思主义理论的哲学前提。就这一问题,第二国际内有两种不同的声音:一种认为,马克思主义是一种社会发展理论,尤其是揭示资本主义社会发展及其崩溃的理论。他类哲学理论可以毫无问题地补充和丰富这一理论,尤其是康德主义和实证主义的理论。因此,这一派的理论家要么把历史唯物主义和康德伦理学结合起来,如伦理社会主义(ethical socialism),要么把历史唯物主义和经验批判主义认识论(empiriocritical epistemology)结合起来,如马赫主义(machists)。伯恩施坦就是伦理社会主义的代表人物。相反,第二国际中大多数理论家却认为,马克思主义的基本原理已经包含了对绝大多数甚至是全部哲学问题的答案。恩格斯的《反杜林论》

与《路德维希·费尔巴哈和德国古典哲学的终结》是在哲学上对马克思的经济理论与政治理论的天然完善。马克思主义理论作为一个统一的整体已经完成，无须在恩格斯的哲学体系之外寻求他类哲学资源的帮助。①这一派的理论家多被称作正统的马克思主义者，德国社会民主党（SPD）的首席理论家考茨基就是代表人物。在伯恩施坦的《社会主义的前提和社会民主党的任务》（1899）和考茨基的《伦理与唯物史观》（1906）这两本书中，两种不同的立场展开了理论上的交锋，而焦点就是如何理解马克思主义的道德观。

伯恩施坦所谓的伦理社会主义是针对资本主义崩溃理论提出的。他自己把这种崩溃理论描述为："我们面临着指日可待的资产阶级社会的崩溃。社会民主党应当根据对这种即将到来的巨大社会灾变的指望来确定自己的策略或使自己的策略以它为转移。"但是，通过对社会现象的考察，他发现了"现代社会中收入的变动""生产中的经营等级和社会财富的扩散"和"资本主义经济的适应能力"，所以观察后的结果使他确信，科学社会主义的崩溃理论是行不通的，是不切实际的。要实现社会主义，就要在经济上推崇"巴斯夏的经济和谐论"，在政治上热衷于"议会民主的力量"。这样一来，科学社会主义作为口头禅（cent）式的"乌托邦式的社会主义"就是"空洞无物的欺骗"。于是，"人们通常认为社会主义的最终目的的东西"，在他看来就是"微不足道的"。所以"运动就是一切"，就是"在社会财富与社会生产力增长中"的"工人阶级本身智力和道德的成熟"，而运动的目的和口号就是"回到康德去"的"社会主义理想"。②

---

① Leszek Kolakowski, *Main Currents of Marxism: its origins, growth and dissolution*, 2, translated by P. S. Falla, Oxford University Press, 1981, pp.1-3.

② 〔德〕爱德华·伯恩施坦：《社会主义的前提和社会民主党的任务》，殷叙彝译，北京大学图书馆内部参考资料1964年版，第五章。

自伯恩施坦的言论在德国社会民主党内散布开来之后，以考茨基、卢森堡为首的一批正统的马克思主义者对这种修正主义进行了激烈的批判。从伦理学上讲，伯恩施坦的伦理修正主义的问题在于：社会伦理道德的基础究竟是什么？伯恩施坦想通过议会民主的方式获取政治力量，从而在资本主义社会的政治框架内通过不断"运动"的改良方式实现社会主义。但这样一来，对立阶级间"不可调和"的阶级利益似乎在伯恩施坦那里就是可以"调和"的。既然民主，资产阶级的民主，这个无产阶级政治革命的对象现在变成了无产阶级政治改良的目的，那么，相应地，为了迎合阶级调和，就势必需要借助某些超越阶级利益的、具有普世性的"调和"价值。于是，马克思经常批判的，那些抽象的、空洞的、作为全社会或全人类道德的普世价值就势必会闪亮登场。只不过，在伯恩斯坦那里，扮演这一救世主角色的是康德先生。此外，他"以经验观察到的资本主义的适应能力"也不是他所想的那样，只是资本主义范围内的进步。看不到那些"适应能力"中具有社会主义性质的"新社会因素"，却完全把它看作资本主义范围内的东西，伯恩施坦也就只能在资本主义的框架内去"修正"和"改良"。这种观点，从本质上讲，是在必然与自由的关系上，企图实现不经必然直接跨入自由的一种"空想"的跳跃，这恰恰是马克思主义道德观应当批判的对象。

　　考茨基在《伦理与唯物史观》中的立场截然相反。他批判了伯恩施坦崇尚的那种超越物质生产方式、超越历史、超越阶级利益的具有"天堂般高度"的道德理想，认为道德是人类社会历史发展过程中基于"社会需要"的社会意识形态。基于"社会需要"的道德，是为物质生活方式服务的，尤其是为技术发展和无产阶级革命斗争需要服务的。所以，政治活动的基础不是源于"理想"的道德价值，而是"依赖于社会发展的直接的物质条件"。尽管考茨基运用历史唯物主义的基本原理为马克思主义的道德观作了辩护和正名，但考茨基的理论是有缺陷的。在他看来，"人类历史是自然历史的一种延续，从而必然服从自然历史本身的法则"。技术的发展（生产力的进步史）作为人类社会发展的基础与核心动力是自然历史发展法则的体现。道德是道德感（moral feeling）和道德律（moral tenet）的结合，前者"作为适应性的器官在前人类阶段就已经进化完成"，因而"和动物的意识没有什么不同"，后者最终只能是一种满足技术发展的条件，因而是"和工具一起在这种技术条件中扮演着一部分角色"。①

考茨基的马克思主义道德观主要有两个缺陷：其一，他深受那个时代社会进化论的影响，混淆了动物本能与人类意识（道德感是其中之一）之间的本质区别。尽管强调人类意识的自然属性无可厚非，然而，这种看似客观的根基却不是人类意识在"本质属性"上的客观基础。道德感，即由道德现象所引发的人类情感和知性，只能由历史的社会生活赋予。从这一点上讲，动物根本不具备所谓的道德感。其二，尽管人类史是自然史发展的一个阶段，然而，不应把人类历史看作是在自然史内部发展着自己的历史过程。恰恰相反，自从人类社会诞生以来，是人类社会在自己的内部发展着人类社会的"自然"历史，即自然人化和人化自然的历史。相应地，技术的发展在本质上不是作为自然发展史的法则而是作为人类历史本身的"自然"法则得以进步。因此，尽管人类意识在"归根结底"的意义上受制于技术进步，然而人类社会在本质上与自然界的不同

---

① 〔德〕卡尔·考茨基：《伦理与唯物史观》，董亦湘译，新文化出版社 1927 年版，导论。Leszek Kolakowski, *Main Currents of Marxism: its origins, growth and dissolution*, 2, translated by P. S. Falla, Oxford University Press, 1981, pp.40-43.

就决定了这种受制只不过是人化自然与自然人化之间的矛盾运动的反映。倘以单一的技术发展来解释和归结一切社会现象,当作一切目的的终极旨归,那么技术系统也就成了远离社会生活的超然的自然。这样一来,高级的技术世界就是想象中的高级的物理世界而不是真实的人类世界。总之,把人类意识单纯地归结为技术进步,继而又把技术的进步单纯地归结为自然历史的发展,这就不难使考茨基得出这样的结论:资本主义覆灭、社会主义来临的必然性就像技术进步必然会带来一整套社会系统一样是不可避免的客观事实。因而,阶级意识和无产阶级道德尽管可以充当革命的手段,但在考茨基那里,实际上是一种可有可无的东西。这也难怪后继者会给他扣上自然主义进化论(naturalistic evolutionism)和技术决定论(technical determinism)的帽子。

如果说伯恩施坦用抽象的、普世的社会主义理想替代科学社会主义是一种修正主义的话,那么,考茨基把人类意识归结为技术进步的自然结果就是另一种形式的修正主义。从伦理学上讲,前者以"价值"规定"事实",以"自由"规定"必然",使社会伦理道德脱离了物质生活实践、脱离了阶级利益,从而脱离了现实的客观基础。而后者则以"事实"消弭"价值",以"必然"消解"自由",从而忽视了社会伦理道德的相对独立性和自身发展规律。这两种修正主义的症结在于,没有辩证地看待社会存在与社会意识的关系,不是把社会存在与社会意识完全对立起来(伯恩斯坦),就是把它们不加区分糅在一起(考茨基),从而就只能得出非此即彼的结论。其实,从伦理学上讲,伯恩斯坦与考茨基的理论交锋是康德道义论与功利主义的交锋。由于他们对马克思的历史理论和社会理论缺乏深入的了解,无法在新的基础上提出马克思主义伦理学,所以,他们就会不可避免地落入道义论与功利主义的思维范式。而这两种本身就是对立的思维范式，根本无法认清和解决马克思主义与道德的关系问题。

笔者认为，这两种非此即彼的道德论理方式是人道主义传统和科学主义传统的源头。伦理社会主义开启了一种以道德价值作为出发点、目的和评判方式的论理方法，通过这种方法，道德价值成了马克思主义理论的基础或合并基础。由于正统马克思主义的道德论理方式消解了道德的价值，因此，道德实际上已经成为一种只能作为解释对象不能当作评判主体的技术奴隶或经济傀儡。早期的正统马克思主义者还谈些道德问题，后来干脆就避而不谈或是严词拒绝。从某种意义上讲，这都是这种道德论理方式必然带来的后果。历史地看，卢卡奇与柯尔施开创的西方马克思主义，针对的就是以考茨基为代表的正统马克思主义。由于卢卡奇在尚未接触马克思早期手稿之前就已大致阐明了异化理论，从而使他在手稿被公开之后一时名声大噪。作为卢卡奇的学生，法兰克福学派的早期代表人物马尔库塞极力推崇马克思的异化理论。作为最先接触马克思早期手稿的学者之一，马尔库塞在崩溃理论面前毫无对策，却在异化理论中找到了某种人的本质，并以这种人的本质"大拒绝"整个资本主义社会，肇始了以人的本质或人性概念解读和构建马克思主义理论的人道主义传统。随后，受两次世界大战的影响，法兰克福学派的理论苞蕾最终在法国开花结果。经由庞蒂、列斐伏尔，最终发展至萨特的存在主义，马克思主义的人道主义传统在法国盛极一时。就在同一个历史时期，以正统马克思主义者自居的阿尔都塞继承了考茨基的衣钵，借助结构主义的理论方法，对马克思主义进行了一番科学主义的纯化，从而达到了他那个时代科学主义马克思主义的"最高境界"。于是，两大传统前所未有地在法共内和法国思想界展开了一场激烈的对攻。

（二）人道主义的马克思主义与结构主义的马克思主义

在 20 世纪 30—60 年代的 30 多年间，马克思大量不为人知的早期手稿陆续地公之于世，其中有首次出版的《评詹姆斯·穆勒》（1932）、《1844 年经济学哲学手稿》（1932）、《德意志意识形态》（1932）、《政治经济学批判大纲》（1939—1953）等等。这些著作的英译本也分别在 1967 年、1959 年、1964 年、1973 年相继问世。在此之前，马克思一直被人们主要看作是一位经济学家。而当这些文献被披露后，马克思开始以一个哲学家的身份受到人们的关注和追捧。在对马克思的"哲学发现"中，最受瞩目的莫过于异化（alienation）、人性（human nature）、辩证法、实践等概念，尤以异化和人性概念为最。就在同时，研究黑格尔哲学的兴趣在世界范围内开始不同程度地升温，从而使黑格尔的辩证法和异化概念以黑格尔的方式推动了对马克思相关概念的发掘与探索。[①]异化概念是这些"探险"工作中最为重要的成果，连同人性概念一道，共同架起了人道主义马克思主义的理论框架。异化概念最早出自谢林的"自我意识"哲学，后在黑格尔的《精神现象学》中被赋予了观念的辩证法形式。在马克思的早期手稿中，尤其是在《1844 年经济学哲学手稿》中，马克思曾大量使用了异化和人性概念。那么，这两个概念在马克思那里究竟意味着什么呢？一般而言，马克思主义人道主义的论理方式是：马克思主义首先是一种对资本主义的批判，但资本主义错在哪里呢？从哲学上讲，资本主义的最大祸端就在于它是一个扭曲的（distort）、颠倒的（inversion），因而是异化的世界。工人劳动创造的越多，他就越贫穷，就越来越远离于他们的劳动成果、

---

① David McLellan, "Then and Now: Marx and Marxism," *Political Studies*, vol.47, no.5, 1999, pp.955-966.

劳动过程，甚至是他们的"人"本身。接下来，顺理成章的问题便是，那么"好（善）"（good）的世界应该是什么样的呢？答：是一种"人的世界"，是一种以善的"人性"为核心和标准的世界。所以，结论便是：马克思终其一生不就是在追求共产主义社会吗？共产主义社会不就是完全克服了异化的自由人的联合体吗？马克思不就是基于对异化世界的批判，用理想人性的概念"辩证"地看待各种社会建制的吗？马克思主义的任务不就是以这种人性概念去实践、去改造世界，从而追求"最终自由"和"本质为人"的共产主义社会吗？总之，异化是资本主义世界罪恶的根源，是马克思批判资本主义社会的直接动因和对象。所以，马克思主义就是一种关于如何克服异化、实现完满人性的理论，是"从人出发"的理论。正是由于资本主义的生产方式、资本主义的意识形态扭曲和颠倒了人性，因此，只有从"真正的人性"出发去解释世界和改造世界，才能实现"真正的"社会主义和共产主义。所以，在人道主义马克思主义传统的理论体系中，异化和人性是一对相辅相成的核心范畴，是这一传统内每种理论的中心概念和奠基石。无论这一传统的理论方式怎么变，这两个概念总是绕不过去的：只要有一种对异化的解释，就必然会有一种对人性的构造。前者是用来批判和解构的，后者是用来好评和建构的。所以，异化概念在加罗林那里就是"人本身的完全丧失"，在列斐伏尔那里就是"人被技术和工具所奴役"，在萨特那里就是"匮乏"，相应地，人性概念依次就是"完整的人性""完全的人""总体的人"和"自由的存在本质"。[①]

接下来，阿尔都塞出场了。面对来势如潮的人道主义马克思主

[①] 俞吾金、陈学明主编：《国外马克思主义哲学流派新编·西方马克思主义卷》复旦大学出版社2002年版，第一、二、五章。

义，这位法共重要理论家旗帜鲜明地贴出了一张"马克思主义是理论上反人道主义"的"大字报"。阿尔都塞对人道主义马克思主义的批判主要分为两个步骤：首先，他以"认识论上的断裂"为铡刀，根据1845年写就的《德意志意识形态》把马克思的思想分为青年马克思阶段与成熟马克思阶段。在承认青年马克思的确推崇人道主义的基础上，通过把意识形态界定为"由超越出仅仅是认识的必然性的'利益'所支配"的"非科学形式"之后，随即将青年马克思的人道主义思想划归意识形态名下并逐出"马克思的科学领地"。第二项工作是用结构主义对科学的马克思主义进行"症候式"的建构。所谓结构主义，就是"对社会、经济、政治与文化生活模式的研究"。所谓症候式阅读，就是"从文本中拖出深处的理论结构"。据此，阿尔都塞开始建构：1845年以后，马克思放弃了受黑格尔与费尔巴哈影响的人道主义，开始步入"科学"阶段，直到1857年才真正完成"彻底的科学的转变"。《资本论》才是"真正科学"的马克思主义著作。为此，他写了一本题为《读〈资本论〉》的著作研发"科学的马克思的理论"。这一理论，它首先是"反经验主义"的，因而是"理论实践的理论"，与经验无关的"纯而又纯"的理论。马克思的"科学理论"由此开始。其次，它是"反历史主义"的，以"理论结构的共时性"反对理论各要素、结构之起源的历时性。因为"实在客体"是变化的、有历史的，而"认识客体"（在阿尔都塞那里指对"实在客体"的认识）是无历史的不变。最后，它是一种"多元决定"而非"一元决定"的辩证法。事物在同一个运动中不是由总体上的单一矛盾决定，而是由"社会形态的各个方面和各个层次所决定的"，因而"矛盾，在它的原则上，是被多元决定的"。

据此，阿尔都塞认为，把握马克思主义就要从马克思成熟阶段的"科学理论"出发。尽管青年马克思的立场是人道主义,然而,由于人道主义是受"利益"驱使的"意识形态",所以就是"非科学的",需要放弃的。因此,马克思主义作为一种科学理论,不是从"人"出发的,不是从抽象的"人的概念"出发的,因而不是人道主义的;相反,它恰恰是"明确摈弃人的概念"的,因而是"理论上反人道主义"的。[①]不难看出,阿尔都塞是一个典型的马克思主义反道德论者。事实上,他是马克思主义史上最有名的反道德论者。

尽管阿尔都塞对马克思的许多结构主义式的分析相当精彩,但是,他对人道主义的批评显然有些过激。首先,从马克思文本的写作情况来看,被阿尔都塞说成是马克思不成熟思想的异化概念,却在马克思晚年撰写的《资本论》手稿中频繁地出现,这是阿尔都塞无法回避同时也难以应付的问题。《读〈资本论〉》这部书其实表明了阿尔都塞对这个问题的态度:最终只有《资本论》才是真正科学的马克思主义著作。但细心的读者不难发现,尽管异化概念很少出现在《资本论》中,但这并不意味着马克思放弃了这个概念。实际上,《资本论》第1章中涉及商品拜物教的部分,说的恰恰就是异化问题。其二,阿尔都塞仅仅从认识论的角度理解马克思主义及其道德问题,从根本上有违马克思主义的实践精神和道德的实践本质。不仅如此,阿尔都塞对道德概念的认识也过于绝对。由于他把道德这些社会意识完全理解为人们对社会存在的主观体验,道德因此成了没有客观性的、纯主观的个人想象。这样一来,客观事实就成了与人无关的、价值无涉的"纯事实"。从这个意义上说,阿尔都塞设计的马克思主义的"纯科学"理论就好比黑格尔在《小逻

[①] 〔法〕路易·阿尔都塞、艾蒂安·巴里巴尔:《读〈资本论〉》,李其庆、冯文光译,中央编译出版社2008年版,第1—61页。

辑》里构造的精神哲学体系。然而,这种在认识论上被绝对化了的所谓的科学体系并不是马克思主义理论的本真含义。

总的说来,科学主义的马克思主义传统谈不出什么伦理道德问题,因为这个传统的骨子里信奉的不是马克思主义反道德论,就是马克思主义非道德论。所以,科学主义的马克思主义一般只谈马克思主义对道德的总体看法、道德的基础等等,只在道德系统的外围兜圈子或是绕道而行,基本不涉及具体的伦理道德问题。相比之下,人道主义的马克思主义传统不仅是与伦理道德相关的,而且是以伦理道德价值为核心和基础的。它比较注重对马克思早期手稿的人道主义解读,认为马克思后续的科学研究基本上是建立在早期人道主义价值基础上的。马克思对人类社会的价值关怀是前后一致、始终如一的。正因为如此,马克思主义伦理学的绝大部分研究成果多落在人道主义的传统内。

但是,人道主义马克思主义的理论出发点和价值立场大多是非马克思主义的。一方面,正如阿尔都塞所言,马克思在早期手稿中的思想的确有欠成熟,因此,不加区分地将早期手稿中的伦理思想和道德观念泛化到整个马克思主义理论体系中去是有欠妥当的。然而,也并不是阿尔都塞想的那样,马克思的早期著作毫无道德理论价值。[1]尽管在《德意志意识形态》之后,马克思的确很少谈论道德问题,但马克思却为构建合理的道德理论奠定了基础,这个基础就是马克思的历史社会学。马克思之所以在后期也使用异化概念,只是因为异化概念只是思维方式而非评判标准。异化概念的基础不再是早期的人道主义哲学,而是历史唯物主义,所以,在这个基础上使用异化概念就是合理的。另一方面,在如何看待人性、人

---

[1] 相关讨论参见张霄:《〈1844年经济学哲学手稿〉中的人道主义问题》,载《教学与研究》,2013年第5期。

的本质这些"人的问题"上，人道主义马克思主义的价值立场也是错误的。马克思主义不是要说明也无法说明完善的人究竟会是怎样，它只能分析现实的人是什么样以及为什么会成为这样。并且，它还告诉我们，历史地看待人的发展，就要了解究竟有哪些条件在使人进步，又有哪些条件在阻碍人进步，就要了解这些条件之间是如何发生关系的，如何才能创造进步条件、摆脱阻碍条件。极为简化地说，在人的问题上，马克思主义就是关于"这些条件"及其运动规律的理论，是从"这些条件"出发的理论，而不是相反。进一步说，由于"这些条件"是人为了人通过人而创造的，因此，这些条件就是人本身。所以，在人的问题上，马克思主义是不会也不可能去设定完善的、理想的人的"类本质"的，这就好比麦克斯韦从理论上发现了电磁波的存在，从而为无线通信技术的发展开辟了道路，但他既不可能想到也不可能设定100多年后的机会是什么样；否则，那就是地地道道的宿命论了。因此，马克思主义一定是关注人的、为了人的，但从理论上讲，它关注人、为了人的论理方式却不是人道主义的。

20世纪60年代中期崛起的结构主义的马克思主义，作为科学主义马克思主义传统的一种形式在70年代中后期日趋衰微。随之而来的是英美马克思主义分析学派的另一片天。所谓分析的马克思主义，是指经得起"分析"的马克思或马克思主义，[①]也就是用分析的方法研究马克思的思想和马克思主义理论。分析的马克思主义者通常把这项工作定性为重建，而马克思的道德（思想）理论便是对象之一（还有历史的、政治的、经济的、社会的理论）。

[①] 在绝大多数情况下，分析的马克思主义的分析对象是马克思，而非马克思主义。因此，被分析出来的结论主要是马克思的（Marxian），只在很少情况下是马克思主义的（Marxist）。这意味着，包括恩格斯和列宁在内的一些马克思主义经典作家的道德观点往往不在分析之列。

大约从20世纪80年代中后期开始，研究马克思的伦理学，重建马克思的道德理论，越来越成为分析的马克思主义的工作重点。这项工作持续了20多年，至今仍在进行之中。现在看来，由分析的马克思主义引领的马克思主义伦理学研究，可以说是西方学界系统探索马克思主义道德理论的第一次尝试，相比前期的研究成果，显得更为深入、全面、专业。更为重要的是，这一时期的马克思主义伦理学研究是面向实践、面向具体问题的，这对伦理道德发挥社会功能、干预社会生活起到了积极的作用。

第二章
对具体问题的道德分析

笔者认为，在英美学者研究的问题域中，有三个具体问题特别地关系到伦理道德在当代马克思主义理论与实践中的处境和地位。这三个问题分别是：剥削与道德、革命与道德、历史与道德。第一个问题问的是资本主义究竟错在哪里？是否可以从道德的角度评价剥削、谴责资本主义？第二个问题问的是道德在无产阶级推翻资产阶级统治的过程中究竟起到什么作用？第三个问题问的是如何在历史地、相对地看待道德的同时把握其客观基础？第一个问题关系道德评价的正当性，第二个问题关系道德的实践功能，第三个问题关系道德的客观性。接下来，笔者将从"剥削概念的经济含义与道德含义""无产阶级的革命意识与道德动机""道德判断的正当性与客观性"三个方面，分别讨论上述问题。

一、剥削概念的经济含义与道德含义

似乎没有人会怀疑：在马克思看来，工人的确受到了资本家的剥削，这是一个不争的事实。然而，正如艾瑞森在《剥削错在哪里?》一文中所言,学者们在两个涉及剥削的基础性问题上意见不一。这两个问题分别是:其一,什么是剥削?其二,剥削错在哪里?针对这两个问题,学者们的立场主要分两种:一种把剥削理解为描述性概念。在这个意义上,剥削是指对剩余价值的占有或工人没有从资本家那里得到他们劳动或产品的全部价值,无所谓善恶好坏。另一种从规范性角度把剥削理解为包含道德价值的概念。在这个意义上,剥削具有道德评价的含义,表达了对资本主义的谴责,是一种不正当的恶。

马克思主义分析学派的代表人物、知名的马克思主义经济学家、美国耶鲁大学的罗默是对马克思的剥削概念作描述性理解的典型代表。他认为,从马克思的观点看,工人被剥削不是因为他们在生产过程中贡献了剩余价值,也就是说,不是因为他们的工资价值少于他们所创造的价值,而是因为他们在身处的社会中无权获得可转让的生产财产的人均份额。据此,罗默界定了一种关于剥削的财产关系理论,运用"撤出博弈"的方法建立了所谓马克思的一般剥削理论。扼要地说,这一理论是:假设在一定社会中,不同人群占有着不平等的财产(这里的不同人群不是指资本家和工人,而是指富人和穷人)。在资本主义社会,财产的不平等主要表现为对生产财产的不平等占有。现在假设在这样一个社会中,存在着 A 与 A′ 两个经济组织,如果组织 A 带着人均生产财产撤出该经济体后其境况会变得更好,那么这表明 A 在该经济体中是被剥削者。相应地,如果组织 A′ 带着人均生产财产撤出该经济体后境况会变得更坏,那么 A′ 在该经济体中则是剥削者。如果无论是 A 还是 A′ 都无法在该经济体之外找到更好的可供选择的替代方案,那么在该经济体中就不存在剥削问题。后来,尽管罗默面对众多的批评调整了一般剥削理论,但是,他以生产财产的多寡界定马克思剥削概念的立场始终没有发生实质的变化。所以，在罗默看来，剥削理论不能正确地认定不公正的受害者，谈论剥削理论还不如直接去关心生产财产的不平等及其分配。从而，作为一个马克思主义者，没必要去关心剥削问题。①

然而，布坎南认为，罗默的剥削理论隐含着他本人并没有意识到的道德问题。首先，罗默并没有解释为什么财产的不平等是错误的，即使从道德上讲是错误的，罗默也没有解释为什么财产的不平等可以被看作是剥削。由此，布坎南认为，实际上，罗默所谓道德无涉的剥削理论中存在着一种基于分配正义的前提条件。布坎南通过以下三个命题归结了罗默的理论前提：

（1）正义要求个人的收入是应得的。

（2）如果财产（例如普通的收入性资产）被不平等地分配，那么，个人的收入将不是应得的（例如在个体间存在收入差别，而这种差别性收入是不应得的，因而是非正义的）。

（3）（因此）正义要求财产被平均分配。

结合上述归纳，布坎南对罗默的剥削理论提出了两条反对意见：一是它没有把应得（desert）与权利（entitlement）区分开，并且没有理由地把后者归结为前者。换句话说，在罗默的剥削理论中，他预先把平等的财产分配当作分配正义赋予的权利，并进而把这一权利不加区分地和"每个人都应该平等地得到财产"混淆起来。然而，当代的政治哲学，包括罗尔斯和诺齐克的理论都认为，某人有权获得某物，即使某物对他来说不是应得的（例如丧失劳动能力的人有权要求社会救助——笔者）。二是当不平等可能

---

① John Roemer, "Property Relations vs. Surplus Value in Marxian Exploitation," *Philosophy and Public Affairs*, vol. 11, no.4, 1982, pp.281-313; "R.P. Wolff's Reinterpretation of Marx's Labor Theory of Value: Comment," *Philosophy and Public Affairs*, vol. 12, no.4, 1983, pp.89-120.

使处境最坏的人受益的时候甚至也认为正义要求严格的平等,罗默就把正义同时与"效率"和"处境最差者的理性自利"割裂开了。换句话说,罗默的理论为寄生状态(parasitism)和"搭便车"(free-rider)留下了后路。所以布坎南认为,罗默对剥削的界定是以掏空剥削概念的规范性为代价的。没有相应的正义理论作为基础,剥削概念无疑会丧失社会批判功能,与马克思的原意也不相符。[①]

在布坎南看来,马克思关于劳动过程的剥削概念有四个方面:(1)劳动是被迫的;(2)一部分劳动是无偿劳动;(3)工人创造了剩余产品;(4)工人自己不能支配他们的产品。在马克思的著作中,剥削概念不仅体现在劳动过程中,还贯穿于所有的阶级社会,而且也表示一般性的剥削。在马克思那里,剥削概念明显带有道德评价的成分。从概念的一般意义上看,剥削突出地表现为对人的有害利用。从道德上讲,马克思显然认为,剥削就是把人当作纯粹为自己赢利的工具,或把人当作非人的东西加以使用,因而是应该遭到道德谴责和道德批判的。[②]

与罗默相似,科恩也从生产过程的角度讨论马克思的剥削概念。但不同的是,科恩认为,剥削应该受到道德谴责,是一种非正义。在科恩看来,许多马克思主义者在谴责和批判剥削时所运用的基本理论往往是劳动价值论或剩余价值论。但这一理论本身是有缺陷的,对于讨论剥削而言"并不是一个适宜的基础"。科恩通过语言逻辑分析,首先把劳动价值理论和剩余价值理论批判的剥削概念拆分为六个小前提:(1)仅有劳动创造价值,(2)劳动者拥有劳动力的价值,(3)劳动者所创造的产品价值远大于劳动者的劳动力价

[①] Allen E. Buchanan, "Marx, Morality, and History: An Assessment of Recent Analytical Work on Marx," *Ethics*, vol.98, no.1, 1987, pp.104-136.

[②] Allen E. Buchanan, *Marx and Justice: the Radical Critique of Liberalism*, Preface, chapter 3, Methuen, 1982.

值，(4) 劳动者的所获少于他所创造的价值，(5) 资本家获得了剩余价值，因此，(6) 劳动者被资本家剥削。由此，科恩开始分析：前提 (2)、(3)、(5) 可以被置换成前提 (7) 资本家获得某些产品的价值。从前提 (1) 和 (7) 可以推断出劳动者所获少于他们的创造，资本家获得了某些劳动者创造的价值。紧接着，科恩又开始分析前提 (1)，认为前提 (1) 是劳动价值理论的产物，而劳动价值理论又是牵强的。在科恩看来，劳动价值理论认为商品的价值是由生产它的当前的社会必要劳动时间决定的，但"当前的"这一术语是站不住脚的。科恩举例说，假如当下进入市场的某件商品，在五年前生产它所需要的劳动时间是当前生产这件商品所需时间的两倍，那么如果我们说它的价值是由五年前生产它所需要的劳动时间所决定而不是当前社会必要劳动时间所决定的，这显然是错误的。那么，这样一来，劳动价值理论就是错误的，因为如果劳动创造商品价值，那么也就是说过去的劳动创造并决定产品的当前价值。因此，科恩说到，商品的价值不是决定于生产它所需要投入的目前的劳动时间，而是决定于需要该商品进入市场时生产它的社会劳动时间。于是，科恩把前提 (1) 换成前提 (8)，即劳动者是唯一创造"既有价值产品"的人。那么把前提 (7) 和 (8) 结合起来，就可以正确地得出前提 (9) 劳动者所获得的价值少于他们所创造的价值，而 (10) 资本家获得了某些劳动者创造的价值，所以 (6) 劳动者被资本家剥削。科恩认为，这样一来，即使资本家提供劳动，也可以说他们是不劳而获，因为最终提供"产品"的只能是劳动者，即前提 (8)。与此同时，前提 (8) 还能够以"当前社会需要"的"既有价值产品"这一规定排除个人主观性因素（某些社会不需要的主观偏好物）。只有这样的论证才能更有力地批判资本主义条件下的剥削。①

在赖曼看来，科恩与罗默理解的剥削只局限在经济领域，但事实上，马克思的剥削概念不仅涉及经济领域，它在政治领域也同样重要。所以，赖曼在界定剥削概念的时候特别注重从一定社会的制度结构着眼。他对剥削的定义突出了强迫（force）因素："如果一个社会的结构组织从体制上强迫一个阶级提供无偿劳动供另一个阶级支配，那么这个社会就是剥削社会。"他说，资本主义是少数人阶级占有生产资料的制度，多数人阶级只能被迫靠为生产资料占有者劳动为生。无产者尽管有选择谋生方式的自由，然而在资本主义制度下，无产阶级作为一个整体是被强迫提供劳动的，而造成这一"强迫"的根本原则是私有制。基于对剥削的界定，赖曼通过建立在平等主权观基础上的社会正义观批判了资本主义社会的剥削行为。简单地说，平等主权观类似康德绝对命令中的普遍法则，即平等地对待个人权利的实现，并且在个人权利实现的同时，尽量避免对他者权利的损害。同时，社会权力的分配要服务于个人权利的实现，也就是个体追求社会权力的机会要平等；要尽力少对他人施权；且施权时要尽可能地做到民主。赖曼认为，平等主权观和马克思主义是一致的。从这个意义上讲，只有依据平等主权观，马克思主义才能把生产资料私有制看作是一种强加在无产者身上的非正义的社会权力制度。②

赖曼把剥削问题从经济领域扩大到政治领域的做法，实际上是对罗默一般剥削理论的批评。在罗默的经济剥削概念中，经济社会似乎成了可以随时进出的游戏场所，是经济组织和个人可以随意决

---

① G. A. Cohen, "The Labor Theory of Value and the Concept of Exploitation," *Philosophy and Public Affairs*, vol. 8, no.4, 1979, pp.338-360.

② Jeffrey Reiman, "Force, and the Moral Assessment of Capitalism: Thoughts on Roemer and Cohen," *Philosophy and Public Affairs*, no.16, 1987, pp.3-41.

定是否选择剥削或被剥削的场地。但事实上，正如赖曼所言，无产者并不是可以选择是否被剥削的。他们或许可以在经济体之间有选择的进入，但却脱离不了整个经济政治体制的剥削。而且，只要他们游离在整个体制之外，无法用自己的劳动力换取生活资料，就有在这个世界上消失的可能。即便是无产者与有产者的慢性对峙，最终也只会以无产者的失败而告终，因为有产者显然比无产者能撑更长的时间。此外，罗默不是从有产者和无产者的角度理解社会人群的阶级划分，而是使用了穷人和富人这种含糊其词的分层方法，把他们理解为各自带有生产财产，只不过在数量上有多寡的社会人群，这就模糊了资本主义生产资料的私有制特征。在资本主义条件下，真正掌握生产资料的是资本家，无产阶级并不占有生产资料，有的只是等着出卖的（而非可卖可不卖）劳动力。如果说经济体是各种生产组织带着自己的生产财产自由进入的地方，那么这个经济体或许只能是原始公社。

从异化问题到剥削问题，这是理论着眼点的一大进步。说到资本主义错在哪里？为什么要谴责资本主义？如果从异化着眼，就是停留在哲学批判的抽象的、泛化的层面。但是，如果从剥削着眼，就会显得具体而深入，也的确抓住了马克思谴责资本主义的根本。因为马克思剖析和批判资本主义的着力点就在劳动生产过程上。马克思的剩余价值学说就是通过揭露资本主义生产过程的秘密进而揭露资本主义社会全部问题的一把理论钥匙。而这个秘密就是剥削。但问题是，剥削问题中是否带有道德评价的成分呢？

布坎南对剥削概念的理解较为合理。他区分了剥削概念的四种含义，并对三种使用剥削概念的语境作了考察。他批评了描述意义上的剥削概念，坚持了剥削概念在马克思主义理论中的道德评价作用。尤为重要的是，他点出了一个关键的理论问题，即马克思虽然用剥削概念批判了资本主义，虽然这个概念中带有道德成分，而这种道德成分是某种正义的观点，但从根本上说："马克思本人的思想和理论是与以正义作为社会制度第一美德的政治哲学主题以及和以尊重权利所有者的个体权利为第一美德的政治哲学主题背道而驰的。"[1]因此，从当代政治哲学关于正义与权利的角度来理解马克思的剥削概念，显然不符合马克思的本意。马克思主义应当有自己的正义观念，但那是基于历史社会学的社会正义观念，而不是基于道德形而上学的正义观念。关于这种正义观念的大致特征，笔者将在书中的第四章加以阐述。

二、无产阶级的革命意识与道德动机

无产阶级革命理论是马克思主义的政治学主题之一。在马克思那里，当生产关系已然成为生产力进一步发展的桎梏，处于生产关系中不同地位的阶级间之阶级利益就达到了对立的顶点，随之而来的将是不可避免的革命。在资本主义社会，这一历史必然性的趋势突出地表现为无产阶级与资产阶级的利益对抗。从而，无产阶级革命是终结资本主义生产关系，开继社会主义和共产主义社会的必要条件。一直以来，西方世界对马克思主义的革命理论争议不休、褒贬不一，进而形成了两种主要的立场：一是理论逻辑上合理，但在心理上不切实际；二是理论逻辑本身存在着自相矛盾。总的来看，尽管西方世界对无产阶级革命理论的基本立场并未改变，但论说形式却在日新月异。研究马克思主义伦理学的许多当代学者，就运用

---

[1] Allen E. Buchanan, *Marx and Justice: the Radical Critique of Liberalism,* Preface, Methuen, 1982, p.9.

前沿的社会科学理论和分析工具,对马克思主义革命动机理论进行了大规模的重建。大致说来,重建的方法论原则是方法论的个人主义,理论基础是理性选择(rational choice),分析工具是博弈理论(game theory),而核心议题则是:道德究竟在无产阶级革命中扮演着什么样的角色?

(一) 物质的自利与革命动机的祛道德化

众所周知,马克思主义的经典作家在论说无产阶级革命的时候,经常使用阶级利益这一范畴,用以揭示"一切社会的历史都是阶级斗争的历史"[①]之客观事实和历史动力。阶级利益是经济基础在政治领域的折射,无产阶级的阶级利益就是无产阶级革命的现实基础与客观动因。然而,经典作家或许没有想到,阶级利益竟然会被后人放置于他们生前所批判的利己主义的箩筐内,无产阶级的革命动机可以被赤裸裸地套以"自利"(self-interest)的口号。

斯金伦在《工人的利益与无产阶级的伦理:马克思反道德论中的不和谐的曲调》("Worker's Interest and the Proletarian Ethic: Conflicting Strains in Marxian Anti - Moralism")中就鼓吹着这一口号。文章把马克思主义的革命动机刻画为一种十足的"利己主义的功利主义"(egoistic utilitarianism)。在他看来,在马克思那里,道德不能成为无产阶级革命的动机,而能够作为革命动机核心的则是一个比道德概念更加狭窄的所谓的物质的自利(material self-Interest),从而,"利己主义的功利主义"之革命动机在马克思那里是一种基调。斯金伦提出了四条革命动机的祛道德化理由:(1)在马克思的理论框架中,社会的物质(经济)基础是主导,因而没有给人的社会生活留下多少"交往"(communicative)的空间,所以道德没有什么

[①] 《马克思恩格斯选集》第1卷,人民出版社1995年版,第272页。

余地。(2) 马克思把资本主义描绘成一个利己主义的社会，不仅在资产阶级之间，也在受压迫者之间。并且，在马克思那里，工人之间是相互分离的，他们为了生存彼此钩心斗角。由此，工人阶级的革命动机是自利，而利益就是生存。(3) 马克思经常把资本主义的经济秩序表述为由于自身的逻辑和矛盾终将崩溃：不断下降的利润率，周期性的萧条以及工人阶级不断增长的痛苦。在这种不可避免的过程中，道德作为一种推动力量是多余的。(4) 马克思相信，无产阶级的利益与全人类的利益是一致的。因此，无产阶级追求自利就足够了，从而无须以道德作为革命的向导。[①]

且不说斯金伦把无产阶级的革命动机指认为追求"物质自利"的"利己主义的功利主义"及其祛道德化的理由是否合理，倘若无产阶级的革命动机真是单纯的"利己主义"的话，那么革命的集体行动就是妄想。关于这一点，公共选择理论的奠基人奥尔森（M. Olson）早在《集体行动的逻辑》中就已经证明。奥尔森也认为"正如阶级是自私的，个人也是自私的"[②]，"马克思看到了自私的个人和自私的阶级采取行动实现各自的利益"[③]。然而，根据奥尔森的理论，集团的公共利益很难建立在个体自利的基础上。由于"搭便车"现象的存在，个体的自利的理性往往导致集体的非理性，而追求个体利益则往往伴随着公共利益的损失。因为，个人行动微不足道，个人在阶级行为成功后所得份额微乎其微，个人的阶级行为存

[①] Anthony Skillen, "Worker's Interest and the Proletarian Ethic: Conflicting Strains in Marxian Anti-Moralism," *Marx and Morality*, edits by Kai Nielsn and Steven C. Patten, Canadian Association for Publishing in Philosophy, 1981.

[②] 〔美〕曼瑟尔·奥尔森：《集体行动的逻辑》，陈郁等译，上海三联书店、上海人民出版社 1995 年版，第 126 页。

[③] 〔美〕曼瑟尔·奥尔森：《集体行动的逻辑》，陈郁等译，上海三联书店、上海人民出版社 1995 年版，第 128 页。

在着风险和不确定性，于是，如果个体是理性自利的话，那么坐享其成的"各顾各"就是最好的选择。①所以，在"马克思理论的逻辑"一节中，奥尔森下结论道："许多证据都表明，马克思提出的理论是建立在理性、功利主义的个人行为之上的。如果是这样的话，这一理论就是自相矛盾的。"②"因为如果组成阶级的个体采取理性的行为，就不会产生争取阶级利益的行为。"③

奥尔森的理论足以反驳斯金伦的"物质自利"说。不过，在斯金伦所谱写的"曲调"中，除了"利己主义的功利主义"之基调外，还有一种他称之为"唯物主义的伦理"（materialist ethic）之辅调。在他看来，"唯物主义的伦理"根植于无产阶级的情谊当中，它能够被表述为一系列清晰的规则，从而把无产阶级的自我欲望引到为了人类利益进行革命行动的意图上去。④由是观之，斯金伦在无产阶级革命动机的祛道德化问题上其实并不是那么"彻底"。事实上，即便没有奥尔森的理论反驳，很容易就能设想到的是：在一个自私自利的环境中，有谁会去关心集体的事情？因而，在斯金伦那里，与其说"唯物主义伦理"是与"物质自利"的一种结合，倒不如说是斯金伦在经历了祛道德化的"阵痛"之后的一种无奈之举。但关键是，这种根植于无产阶级情谊，貌似于"看不见的手"的"唯物主义的伦理"符合在马克思主义伦理学意义上的道德的本

---

① 〔美〕曼瑟尔·奥尔森：《集体行动的逻辑》，陈郁等译，上海三联书店、上海人民出版社 1995 年版，第 121—131 页。

② 〔美〕曼瑟尔·奥尔森：《集体行动的逻辑》，陈郁等译，上海三联书店、上海人民出版社 1995 年版，第 131 页。

③ 〔美〕曼瑟尔·奥尔森：《集体行动的逻辑》，陈郁等译，上海三联书店、上海人民出版社 1995 年版，第 128 页。

④ Anthony Skillen, "Worker's Interest and the Proletarian Ethic: Conflicting Strains in Marxian Anti-Moralism," Marx and Morality, edits by Kai Nielsn and Steven C. Patten, Canadian Association for Publishing in Philosophy, 1981.

质么？把具有客观基础的社会意识形式说成是手足情深的阶级友谊，从而在"物质自利"的内衣外再披上"唯物主义伦理"的外衣，其结果只能是：自利还是自利，伦理却已"抽身而去"。

有趣的是，同样是基于个体的理性自利的考虑，斯金伦与奥尔森却得出了截然相反的结论。不过，从实质上说，奥尔森只不过是以一种清晰的利己主义代替了斯金伦的一种粗糙的利己主义。区别在于，斯金伦并没有特别地在利己主义中分离出个体与阶级之间的差别与相互作用，而奥尔森显然把阶级行为明确地微观化到个体层面，进而"一目了然"地阐述阶级利益与个体行为的作用机制。尽管奥尔森并不是马克思主义分析学派的一员，然而，他的方法论却是马克思主义分析学派所承认的分析的方法之一。[①]并且，奥尔森对待无产阶级革命动机的基本立场并没有和马克思主义的分析学派有本质上的差别，只是，后者的分析工具越来越"先进"，分析的议题越来越"精细"。同时，诸如"自利""利己主义"之类的字眼不再频繁地出现，而大多是以"理性"自居。

（二）个体理性与集体行动的不可能性

以个体理性推证集体行动的可能性势必需要某种方法论原则的支持。在马克思主义分析学派的代表人物之一埃尔斯特看来，这种方法论原则只能是方法论的个人主义。它是这样一种原理："所有社会现象（它们的结构与变迁）都可以在原则上仅以涉及个人（他们的财产、他们的目标、他们的信念和他们的行为）的方式进行解

[①] 马克思主义分析学派的主要代表人物科恩曾对该派的方法论有过交代。分析的方法主要涉及三种技术："逻辑与语言分析""经济分析""有关选择、行动和策略的分析"。奥尔森的理论则隶属于分析方法的第三种技术。G. A. Cohen, *Karl Marx's Theory of History: a Defence*, Introduction to the 2000 edition, Princeton University Press, 2000, p.12.

释。因而，方法论的个人主义被认为是一种还原主义（reductionism）的形式。"①理性选择较之方法论的个人主义则是一种更为具体的理论形态。它通常采以意图解释（intentional explanation）的方式，即解释某种现象通过引证所涉及的行为意图或事先意图到的结果。在理性选择理论中，目的往往是已知的，达到目的的可供选择的手段往往是被给定的，且人必须是理性的。从而，理性选择理论实际上是对某种合理选择机制的研究。而博弈论则是理性选择理论中流传最广、适用最泛、体系最完备的一种分析工具。大多数分析的马克思主义学者基本上都认为理性选择理论（特别是博弈论）必定可以被用于马克思主义理论中涉及那些具有策略性的相互关系的领域，如剥削（exploitation）、阶级斗争（class struggle）、阶级联合（class alliance）以及改良和革命的相关问题。②为国内学者所熟悉的美国伦理学家布坎南就曾以博弈论推证过无产阶级的革命动机问题。

在《革命动机与理性》（"Revolutionary Motivation and Rationality"）一文中，布坎南认为，即使革命是实现无产阶级最大利益的体现，并且无产阶级的每一个成员都认识如此，但只要阶级成员是在理性地行动，那么这个阶级将不可能产生集体的革命行为。这是因为存在着"搭便车"的行为。如果个人是理性的，革命是最终目的，而个体在参与革命和逃避革命之间进行选择，那么如下矩阵可以用来推导合理的策略选择：

---

① J. Elster, *Make Sense of Marx*, Cambridge University Press, 1985, p. 5.
② R. G. Peffer, *Marxism, Morality and Social Justice*, Princeton University Press, 1990, p. 18.

	他者 贡献	他者 不贡献
我 贡献	贡献的收益 2 贡献的成本	无贡献收益 4 贡献的成本
我 不贡献	贡献的收益 1 无贡献成本	无贡献收益 3 无贡献成本

如图所示，个体最大偏好为方格1，即"搭便车"策略：坐享他人贡献的收益却无须付出成本。显然，方格4为个体最小偏好：他人坐享我的贡献收益而无须付出成本。但是，就整个弈局来说，存在着优势策略均衡，即方格3：对于每个理性个体而言，由于不可能寄望于他者的贡献来决定自己是否贡献（承担成本），所以不贡献将是最好的选择，个人与每个他者或全部他者都选择不贡献则组成策略均衡。

表述为日常语言则是：如果每个工人是理性的，那么他会做的推理是且不管我自己是否从事革命行动并所付出相应的代价，情况肯定是要么会有足够的其他人去参加革命，要么没有足够的人去革命。如果前者成为事实，那么我将享有革命实现所带给我的好处，这样一来，我的努力就是白费的。如果后者是事实，我的贡献对我来说就转而是一种损失。因此，理性自利需要我放弃从事革命行为，而是作为一个"搭便车"的人坐享他人的努力结果。并且，当每个阶级成员都试图最大化阶级利益的时候也会得出同样的结论，因为代表阶级功利的最大化问题与代表个体功利的最大化问题是相同的：成本与收益是单独以个体进行计算还是单独以作为整体的阶级计算是一回事。①

那么，如何才能规避革命行动上的"搭便车"问题呢？布坎南认为，这需要正确对待和处理"公共善"（public good）。所谓"公共善"，简单地说，即无产阶级革命的成功将使所有的工人受益，从而，只有做到这一点，才能最终化解"搭便车"。基于此，布坎南提供了三种方式处理"公共善"的方式：高压政治（coercion）、进程得益（in-process benefits）、道德原则（moral principle）。"专制"可以处理好"公共善"，因为它可以给那些不参加革命以及坐享他人革命成果的工人创造了一种成本（即惩罚和拒绝成果分配——笔者）。共产主义运动史上曾出现过这类方式，且行之有效，然而，这在马克思那里显然没有文本证据可以支撑这一点。进程得益（边革命边得益——笔者）虽然可行，但似乎也难以长期维系。首先，短期协作所带来的固有的好处不可能总是随即将至。并且，毫无疑问的是，它并不能充分抵消革命活动所带来的成本。其次，进程得益显然无法充分解释革命进程是如何开始的。因此，即便进程得益对于参与革命的人来说是重要的，然而问题却是：是什么激发了革命的发起者？最后只剩下道德原则了。道德原则的解决途径在于，它要求阶级去建立自由和正义的制度。只有坚持这些原则才会产生工人阶级成员间相互合作的状况。在这种状况中，一旦个人试图最大化他自己的利益或集团的利益，那么就没有任何好处将会来临。于是布坎南最终下结论道：马克思似乎忽视了道德和利益可以通过同一种声音说话的可能性，而道德在这种可能性中是可以发挥作用的。②因此，在布坎南看来，缺乏了某种道德原则的革命动

---

① Allen Buchanan, "Revolutionary Motivation and Rationality," *Philosophy and Public Affairs*, vol. 9, no. 1, 1979, pp. 61-66.

② Allen Buchanan, "Revolutionary Motivation and Rationality," *Philosophy and Public Affairs*, vol. 9, no. 1, 1979, pp. 68-76.

机理论是有缺陷的，所以马克思主义的革命动机理论正因为此则是一种弱理论。

不难看出，布坎南对"理性"的理解与奥尔森一样都是基于个人主义的自利。尽管他通过典型的囚徒困境（prisoner's dilemma）去分析无产阶级的革命动机问题，并最终得出了可以接受的一般性观点：革命动机中势必需要道德的成分。然而，他把这一观点排除在马克思主义之外却是站不住脚的。与此同时，在方法论的个人主义原则指导下的理性选择理论是否可以作为重建马克思主义革命动机理论的合法性工具也是有待商榷的。其实，就道德动机而言，布坎南所提供的解释立场只是单方面的。在道德动机论中，从动机的来源来看，一般存在着内在论（internalism）与外在论（externalism）之分；而从动机的获得方式来看，则有认知主义（cognitivist）与非认知主义（noncognitivist）之别。通常，内在论或非认知主义的道德动机观所注重的是道德判断所依赖的欲望、需要、意志等内在的可欲性，而外在论或认知主义则注重的是道德判断所仰仗的信念、知识等外在的可塑性。[1]它们两两之间并不是非此即彼的关系，而是在孰先孰后、孰轻孰重的问题上有所区分。据此，布坎南对马克思主义革命动机理论的道德重建实际上遵循的是内在论或非认知主义的理论路线。然而，就经典作家在《德意志意识形态》中对社会存在与社会意识之辩证关系的论述以及恩格斯后来在《反杜林论》中对"自由是对必然的认识"之阐发似乎表明，经典作家更倾向于信念、知识等对道德动机的外在的可塑性。从而，这种以个人主义的精明理性来证成集体行动的不可能性，并以之充当对马克思主义革命动机理论的解释依据是难以自圆其说的。

不过，马克思主义分析学派的学者并没有就此止步。摆在他们

---

[1] David O. Brink, "Moral Motivation," *Ethics*, vol. 108, no. 1, 1997, pp. 5-8.

面前的问题主要有两个：一是尽管按照工整的囚徒困境推不出集体行动或阶级行为的可能性，然而他们却必须对已然存在的集体行动或阶级行为提供解释；二是倘若还是以基本的方法论立场来解释现存的集体行动或阶级行为，就必须提供更新了的分析框架。据此，一些学者提出了一种保险博弈（assurance game）的解释途径。

（三）从囚徒困境到保险博弈

在集体行动的动机结构问题上，基于囚徒困境的"搭便车"的利己主义和基于绝对律令（categorical imperative）的无条件的利他主义（altruism）是西方世界对阶级意识较为常见的两种解释路径。无条件的利他主义的解释就是布坎南所提到的以高压政治处理"公共善"问题的路径依据。然而，一些马克思主义分析学派的学者提出了另一种关于阶级意识的动机结构，这就是关于有条件的利他主义的保险博弈。一般而言，保险博弈是这样一种集体行动的动机结构，即通过"默许协调"（tacit coordination）产生集体行动，与此同时，集体行动所需要的信息由领导者提供。"默许协调"条件不再以动机的不确定（uncertainty）、猜疑（suspicion）和不冒险（play-safe）作为主导，而是转以集体成员间的相互信任作为获得集体行动的重要条件。与此同时，领导者的角色不同于高压政治中的命令者或权威，而在于提供相关的集体行动的信息。[①]但是，这样一来，如果依然要以坚持方法论的个人主义原则和理性选择理论为前提，那么，就必须对囚徒困境的解释条件进行相应的修改。

在埃尔斯特看来，用囚徒困境解释集体行动的个人意图是需要有前提条件的。这些前提条件主要涉及：（1）博弈只进行一次，

[①] J. Elster, "Marxism, Functionalism, and Game Theory: The Case for Methodological Individvalism," *Marxist Theory* (edited by Alex Callinicos), Oxford University Press, 1989, p. 75.

(2) 矩阵中行动者的动机仅仅是物质回报，并且（3）他们理性地行动。如果以上三个条件均可以满足，那么，集体行动必将失败。在上述三个条件中，（3）最为重要。因为（1）可以通过多次重复博弈进行调整，而在（2）中，无论回报是物质性的或非物质性的，只要回报是界定清晰的，就也可以被确定。那么，在（3）中，对理性的规定就是关键的。埃尔斯特提出了一种在个人解释水平上的启发式（heuristic）原则：首先假设行为是理性且自利的；如果理性且自利的假设无效，那至少假设理性；当且仅当理性假设也不成功，那么可以假设个体的参与行为是非理性的。最后，集体行动可能最终由于对个人水平的解释太复杂以至于在当前阶段不可行。不难看出，这种启发式原则的解释路径涉及理性且自利（rationality-cum-selfishness）、单一理性（rationality simpliciter）、非理性（irrationality）。从而，对条件（1）—（3）的调整，可以大致通过对照来解释获得集体行动的可能性：（1）如果相互行为被多次地重复；（2）如果激励行动者的回报不同于物质回报的结构；（3）如果行为是不完全理性。假使这些条件全部满足，那么集体行动就会成为可能。[1]基于此，不同于囚徒困境的动机结构大致可以通过以下的条件进行相应地调整：

（1）个体间的相互行为需要多次重复。个体可以在重复不断的相互行为中对他人是否会从事集体行为具有一种可观测的预期。可观测的预期同时意味着个体可以掌握其他行动者的相关信息，从而不断接近完全信息条件下的动态博弈。

（2）个体行动者的回报不完全等同于物质回报的结构。他可以从领导者那里得到集体行动的信息（包括知识、信念等）以获得精神上的满足或激励。但物质回报必须在动机结构中占有一定的

---

[1] J. Elster, *Make Sense of Marx*, Cambridge University Press, 1985, pp. 359-260.

份额。

（3）个体间呈现出一种相互关心的态势，彼此相互信任和相互依赖。从而，个体理性并不表现为完全理性。[①]

如果上述条件得以满足，那么囚徒困境就有可能转化为保险博弈，即以期望中的相互合作导致革命的集体行动的产生。矩阵可如下所示：

	每个他者 从事	每个他者 放弃
我 从事	4, 4	1, 3
我 放弃	3, 1	2, 2

如上所示，"搭便车"行为依然是较强的个体偏好策略（左下格与右上格），相比之下，不合作策略（右下格）就成为个体选择的一种弱偏好策略。然而，弈局的最优策略组合和个体的最强偏好策略却是合作从事集体行动（左上格）。不过，合作行动作为保险博弈的最优策略组合是有条件的，即基于个体间相互信任的行动承诺以及行动预期。换句话说，只有保证自己会从事革命，才能寄望于别人从事革命，或寄望于别人从事革命，必须保证自己会从事革命。这样一来，保险博弈的动机结构中就必然包含着道德的成分。但问题是，在马克思主义那里，道德是通过个体间重复不断地相互博弈逐渐形成的么？或者换句话说，道德是理性自利的个体通过不断修改的利益权衡所产生的自然结果么？也只有从理论上说，道德或许可以被看作是这样一种结果，但这是一种契约论的理论立场，

[①] J. Elster, "Marxism, Functionalism, and Game Theory: The Case for Methodological Individvalism," *Marxist Theory* (edited by Alex Callinicos), Oxford University Press, 1989, pp. 76-87.

而非马克思主义的立场。于是，问题就转化为，在马克思主义那里，个体理性是否是集体行动之道德动机的客观基础？若不是，它的客观基础究竟是什么？

（四）道德动机的解释路径与客观基础

在马克思主义那里，阶级作为"在生产方式中处于不同地位的人群"，是由特定的阶级利益所决定的。这是阶级存在的客观条件和现实基础，从而也是阶级意识的来源与客观基础。马克思主义以唯物史观为立场看待作为社会意识形式的道德及其本质，区别于以个人主义为本位和出发点来看待道德及其本质。从而，道德作为一种社会现象，势必需要以社会为本位进行考察。在这个意义上，无论个体范畴中包含着哪些社会要素，道德动机的客观基础不可能生发自个体，而只能来源于由社会存在所决定的社会意识。从而，马克思主义对道德动机的考量更加注重社会意识对个体意识的外在可塑性。然而，与此同时，道德动机的外在可塑性与内在可欲性不能被理解为互不相干的"两张皮"。两者的辩证统一在马克思主义那里是有理论依据的。在《1844年经济学哲学手稿》（以下简称《手稿》）中，马克思曾频繁使用的对象化（objectification）概念就已暗含着此种理论源流。《手稿》中，人被看作是一种对象性的存在，人通过现实的对象化活动实现并确证自己的本质。而对象性存在和马克思以"关系"看待人或事物的立场是互为表里的。因其人是对象性存在，人必然在关系中，因其人是在关系中，人必然是对象性存在。不过，对关系属性的理解，在马克思那里经历了一个发展过程。《手稿》中，关系属性还只是体现在人的"类本质"中，而随后的《关于费尔巴哈的提纲》已然表明，关系属性已从"类本质"发展为"现实性上"的"社会关系"。这意味着，人的对象性存在，与人的社会关系互为表里。在马克思后来的著述中，"社会关系"逐渐被归结为更基本的"生产关系"。这说明，人是关系存在物，并在根本上是生产关系的对象性存在物。脱离了社会关系，即脱离了人的现实的对象化，人就丧失了人作为人的本质，此其一。

其二，人的现实的对象化与人作为对象性存在的普遍化相辅相成。最为完善的对象性的普遍化即人处在全面的对象性关系中，也即人获得最为全面的社会关系。在马克思那里，它集中体现为"每个人的自由发展是一切人自由发展的条件"。撇开自由主题不谈，这句话同时暗含着对象性关系的普遍化问题。在"自由人的联合体"内，单个的人同时也是最为普遍的抽象的人，而最为普遍的抽象的人总是表现为单个的人。同样地，对对象性关系的普遍化理解在马克思那里也经历了一个发展过程。马克思早先也是从"类本质"出发去看待人的这种普遍性，而后过渡到市民社会阶段（即人在市民社会中实现对象性的普遍化），最终，对象性的普遍化被锁定在物质生产方式的历史活动当中。人只有在物质生产方式的历史实践中才能实现人的对象性的普遍化。从这个意义上讲，尽管是以异化的方式在发挥作用，但资本主义却以"资本"作为最普遍的媒介推动了这种对象性的普遍化的实现过程。所以，人作为对象性存在以及这种对象性存在的普遍化在马克思那里具有一个科学、客观的理论基础。

从而，就无产阶级革命的道德动机而言，内在的可欲性是由外在的可塑性提供真实的、具体的内容的（即道德作为社会意识对象化个体），而道德动机的内在可欲性总是借外在可塑性所提供的内容显以自身（即被社会意识对象化了的个体进行再对象化）。因此，无产阶级革命的道德动机主要来源于不以阶级成员个体主观意志为转移的作为社会意识的阶级意识，而阶级意识的客观基础则是阶级利益。

由此可见，阶级的联合并非是松散的个体之间随意的自由组合，而是存在着客观的相互协作的基础。从而，无产阶级革命的道德动机是以此种相互协作的客观基础为前提的。因此，道德对革命行为的推动作用，应该建立在这一基础之上，从而发挥揭示阶级利益，塑造整体的阶级意识的功能，而不是建立在以"原子式"的单个人的"精明理性"之上。

三、道德判断的正当性与客观性

无论是借助一定的道德标准分析和批判剥削问题，还是凭借某种道德原则规范和引导无产阶级革命，最终都要归结到这样一个根本问题上来：如何理解这些道德标准和道德原则的正当性和客观性？可以说，如果这一问题得不到合理的说明，使用这些标准和原则进行道德判断就没有合法性。针对这个问题，英美学者们提出了各自不同的解释和看法。

在《马克思论分配正义》一文中，胡萨米认为，伍德对正义概念界定得过于狭隘，并且根本不是马克思和恩格斯的原意。他所说的正义概念实际上只是在复述"经济规律"。与此同时，伍德仅仅把生产方式当作唯一的衡量标准也是有失公允的。因为在马克思那里，"规范不仅仅只与一定的生产方式相关，同时还与不同的社会阶级在生产方式中的地位相关"。从而，"资产阶级以其正义和平等的概念去反思自己的利益与阶级状况"，同样，"无产阶级及其理智的代言人也可以通过无产阶级的平等与自由概念去反思自己的阶级利益"。由此，胡萨米认为，马克思的思想中存在着正义的道德价值。马克思正是以他的正义概念谴责和批判了资本主义社会。马克思的正义概念作为一种分配性的道德原则，来源于无产阶级在生产方式中的地位，来源于无产阶级的阶级利益。它关心的是劳动时间的分配、劳动产品的分配、收入的分配等。正是在这个意义上，无产阶级的正义概念是和社会主义、共产主义的正义概念相关的。胡萨米进而认为，在马克思那里，社会主义的正义概念是一种体现劳动贡献原则的分配概念，即按贡献大小获取相应回报；而共产主义的正义概念则是一种体现自我实现的分配概念，即按需分配。据此，胡萨米指出，马克思就是以贡献原则和需要原则这两个分配概念谴责资本主义社会的，在这个意义上，"资本主义社会在马克思那里是不公正的社会"①。

显然，在胡萨米看来，道德判断的正当性来源于阶级利益。无产阶级的分配正义原则之所以具有批判和谴责资本主义的正当性，就在于这个原则是以无产阶级的阶级利益为基础的。由于阶级利益是道德观念形成的基础和来源，所以阶级利益给道德判断提供了客观性依据，而这个客观性依据支撑着道德判断的正当性。胡萨米同时把这种无产阶级正义概念和社会主义、共产主义正义原则联系起来，其实就是把无产阶级正义概念等同于社会主义正义概念。但这种用后资本主义社会的标准评价资本主义社会的方式，学者们持有不同的看法。

凯尔勒在《马克思主义、道德与意识形态》一文中认为，人道主义试图用社会主义道德价值评价资本主义的方法是对真正的马克思思想的扭曲。但他同时认为，社会主义道德价值表达了各种激进

---

① Z. I. Husami, "Marx on Distributive Justice," *Philosophy and Public Affairs*, vol.8, no.1, 1978, pp. 27-64.

的人类需要。作为一种有关人性的理论基础，这些价值完全可以指导社会主义建设。只不过对这种人性的理解必须是唯物的、社会的和历史的。凯尔勒之所以这样认为，是因为在他看来，科学社会主义往往会把道德行为与政治活动的基础建立在历史法则上，这样一来就会导致精英人物和权威政党以断言自身通晓历史法则的方式迫使工人阶级直接服从于他们的领导。所以，这无疑是从工人阶级外部而不是通过工人阶级活动本身从事社会主义的革命或建设。①

克利尔在《科学的社会主义与社会主义价值问题》一文中表达了相反的观点。他反对那些试图把社会主义和共产主义事实建立在一系列特殊价值基础上的做法，并把这种立场称之为"价值论"（axiology）方式，声称这是一种忽视革命客观条件的"理论的人道主义"（theoretical humanism）。基于此，克利尔提出了两条反对理由：其一，"任何政治运动的动机如果游离于当代多数人的需要、欲望、处境，其结果必将使精英人物的理念强加于人"。马克思在《德意志意识形态》之后就已经放弃了这种"人道主义的危险"。马克思从来不寄望于某种具有优先性的价值特权，也不期望某种人类德性的普遍理想，而是认为这些价值和理想所引发的动机已经存在于个体的生存状态中，无须特别渲染。其二，克利尔认为致力于建构一套特别的社会主义价值是多余的工作。实际上，"价值论"所强调的诸如平等、自由、集体主义等，这些价值也存在于资本主义社会中，因而社会主义事实上并没有所谓的特殊价值。据此，克利尔认为，真正有意义的工作不是去寻找社会主义价值，而是要展开

---

① Douglas Kellner, "Marxism, Morality, and Ideology," *Marx and Morality*, edits by Kai Nielsn and Steven C. Patten, Canadian Association for Publishing in Philosophy, 1981.

对资本主义（及其他社会形式）的科学调研。①

布坎南也与克利尔持相同的立场。在《马克思与正义：对自由主义的激进批判》一书中，他首先区分了对概念和原则在理解上的四种不同方式，分别构成两对范畴：一对是解释性的（explanatory）和批判性的（critical）；一对是内在的（internal）与外在的（external）。解释性原则或概念具有描述的特征因而不含有价值评价，而批判性原则或概念是含有价值评价的，因而对行为和动机具有指导意义。相应地，体现一定社会结构的特征或形态，并作为一定社会结构的部分镶嵌于其中的概念或原则就是具有内在性的；相反，那些来自一定社会结构之外并可以对其进行评价的概念或原则就是具有外在性的。据此，布坎南进而认为，自《德意志意识形态》之后，马克思放弃了关于人性的评价概念，转而以历史唯物主义为基础开始运用各种"描述—解释性"（descriptive-explanatory）概念。与此同时，在布坎南看来，那些把目光局限在特定生产方式内部的学者（针对伍德）只是停留在概念或原则的内在性上，忽视了概念或原则对一定生产方式的外部性评价。那么，在马克思那里，究竟有没有规范评价标准呢？布坎南认为是存在的，那就是人类的需要、利益与欲望。马克思正是以这种规范性的标准批判了共产主义社会之前所有的社会形态（包括社会主义，即马克思在《哥达纲领批判》中提到的"共产主义社会的早期阶段"），因为它们既（1）扭曲了人的需要，又（2）无法满足人的需要。所以，只有在共产主义社会，（1）人的需要才不再被扭曲，并且（2）未被扭曲

---

① Andrew Collier, "Scientific Socialism and the Question of Socialist Values," *Marx and Morality*, edits by Kai Nielsn and Steven C. Patten, Canadian Association for Publishing in Philosophy, 1981.

的需要将被满足。①

布坎南显然认为，马克思在作道德判断的时候，依据的是人类的需要、利益与欲望这些非道德善。但与胡萨米不同，布坎南强调的是需要、利益和欲望的类概念，而不是以阶级的利益和需要为基础。这样一来，布坎南实际上是把人性概念而不是阶级利益概念当作了道德判断的客观性基础和正当性依据。但是，布坎南一方面说马克思在《德意志意识形态》之后放弃了用人性概念作评价的方法；另一方面又把隐含的人性概念当作规范判断的基础，这显然有点自相矛盾。那么，在马克思看来，道德判断的正当性与客观性究竟应当如何确立呢？

一般说来，讲道德判断的正当性，其实就是在问道德判断的客观性。因为客观性支撑着正当性。所以，道德判断的客观性是个根本问题。那么，什么又是道德判断的客观性呢？我们可以从两个方面来理解客观性，或者说是客观性的两个概念：（1）客观性意味着必然性；（2）客观性意味着主体间的一致同意。其实客观性还有一层含义就是感性自然的感性确定性。不过就伦理道德问题而言，客观性只涉及（1）和（2）两个概念。其实，不难看出，这两个概念之间是有关联的。我们姑且可以把必然的客观性理解为自在的客观性，而把一致同意的客观性理解为自为的客观性。这样一来，完整的客观性就是自在自为的客观性，也就是主体间的一致同意的东西和必然性的东西完全吻合。具体到伦理道德问题上就是，主体间一致同意的道德选择恰恰就是必然性所要求的那种选择。在这种情况下，客观性达到完满。具体联系马克思主义来讲就是，阶级成员间一致同意的道德选择恰恰就是阶级利益所要求的那种选择。而阶级

---

① Allen E. Buchanan, *Marx and Justice: the Radical Critique of Liberalism*, Preface, chapter 2, Methuen, 1982.

利益所要求的选择之所以是客观必然性选择是因为阶级利益是由人们在生产资料所有制中所处的地位必然决定的。所以，可以从这个意义上说，阶级利益是道德判断的客观基础，这个基础支撑着道德判断的正当性。

但问题是，资产阶级有资产阶级的利益，无产阶级有无产阶级的利益，从道德判断基于阶级利益的道理来说，每个阶级站在他们各自的立场上作出的道德判断都应当是客观的、正当的，那么，是应当持有一种规范相对主义的立场呢，还是可以互相评价呢？从规范相对主义立场来说，站在无产阶级立场上作出的道德判断是对的，站在资产阶级立场上作出的道德判断也是对的。这显然有违马克思主义立场和基本观点。因为这样一来，从无产阶级利益出发对资产阶级进行道德谴责就是站不住脚的"无事生非"。可想而知，如果马克思的确是在谴责资本主义社会，如果这种谴责和批判的确带有道德判断的成分，那么马克思要么会站在无产阶级利益的基础上，要么就只能站在超越阶级的某些类概念的基础上。这意味着，阶级道德间是可以互相评价的，无产阶级道德可以用来谴责资产阶级。言下之意，无产阶级道德要优越于资产阶级道德。所以，站在无产阶级的立场上对资产阶级作出道德评价就是合理的。但是，为什么阶级道德间是可以相互评价呢？这是因为资产阶级与无产阶级在生产关系中不可分割的经济联系，资产阶级与无产阶级的利益对立是建立在同一利益对象上的对立。这意味着资产阶级与无产阶级之间有一种事实上存在的经济伦理。无产阶级道德观念与资产阶级道德观念只不过是对同一经济伦理关系的不同道德理解方式，即站在各自阶级立场的不同道德理解方式。所以，无产阶级对这一伦理关系的反思和批判，实际上就是对资产阶级道德的批判。从这个意义上讲，无产阶级道德优于资产阶级道德的必然性归根结底是生产力与生产关系矛盾运动的向前发展的必然性导致的。由于无产阶级利益代表先进生产力的发展方向，所以无产阶级道德就是资产阶级道德的替代物，从而比后者更加优越。是以，从马克思主义的立场来看，道德判断的客观性中有着某种必然性，而这种带有必然性的客观基础最终来源于物质生产方式的历史发展。要作出正确的道德判断，就要对这种必然性有所了解。不去了解、不愿了解或了解不了都是因为意识形态遮蔽、扭曲了人的精神世界。突破意识形态的迷障，认清事实的发展才能最终确立道德判断的正当性与客观性。正如肖在《马克思主义与道德的客观性》一文中所言："首先，拒绝这种评价就会被指责为依赖于意识形态的从而不正当的道德主张……其次，基于社会主义事实的道德原则将会被证明通过了意识形态的最终检验。必须向那些支持这些原则的人表明，要是不支持，也是因为了解了会使他们不再相信这些原则的理由。当无产阶级知道这些观念为什么以及如何会在这个历史时期产生的时候，他们就能确定自己的道德观念。"[1]这也意味着，自在的道德并不会自动地转化为自在自为的道德。所以，不但现实的利益斗争领域闪烁着刀光剑影，意识形态领域的斗争也是异常纷繁复杂、艰苦卓绝的。

---

[1] William Shaw, "Historical and Moral Objectivity," *Marx and Morality*, edits by Kai Nielsn and Steven C. Patten, Canadian Association for Publishing in Philosophy, 1981, p. 37.

价值重塑：马克思主义与价值类型

第三章
作为伦理价值的正义

英美学界在 20 世纪 70 年代掀起的研究马克思学的热潮，就是由一场关于"马克思与正义"的政治哲学争论引起的。[①]争论的导火索是美国斯坦福大学道德哲学教授伍德的一篇文章。在1972 年的《马克思对正义的批判》一文中，他认为，不能错误地把正义概念看作是马克思主义批判资本主义社会、推崇共产主义社会的道德评价标准。在伍德看来，正义概念在马克思和恩格斯那里根本就不是一个道德概念，而是一种司法的（juridical）或合法的（legal）概念。这种概念主要涉及"人们身居其中的法律和权利"。由于唯物史观指明，法的或权利的形式只能受制于一定社会的物质生产方式，所以，正义概念在马克思那里就是"被决定的""只能维护和体现一定生产方式"的"保守的力量"。因此，尽管马克思谴责资本主义，推崇共产主义，但并不是依据所谓的正义概念，而是根据一定社会的物质生产方式在满足一些

[①] 布坎南曾在 1982 年出版的一部批判性著作中谈道："在过去的几年里，分析哲学家们兴起了研究马克思的学术兴趣（即指分析的马克思主义学派）。同时，1971 年罗尔斯《正义论》的出版也使正义问题倍受关注。此两种学术复兴的发展贯穿在马克思与正义的相互批判之中。"Allen E. Buchanan, *Marx and Justice: the Radical Critique of Liberalism*, Preface, Methuen, 1982, p.6.

非道德善（诸如需要、利益等）上的优劣程度为根本标准。由于资本主义的正义概念只能是资本主义物质生产方式的产物，只能服务于资本主义的物质生产方式，所以马克思是不可能用资本主义的正义概念去谴责资本主义社会的。据此，伍德下结论："资本主义社会在马克思那里是一个正义的社会。"

伍德的结论引起了轩然大波。文章发表不久后，众多学者在"马克思与正义"的主题下发表评论、互相辩驳，从而引发了一场持续近 30 年之久的大规模论战。可以说，凡是从 20 世纪 70 年代开始研究马克思主义伦理学的英美学者几乎都在这场争论中发表过自己的看法。

一、"马克思反对正义"与"马克思赞成正义"

英国《新左派评论》前编委会成员诺曼·杰拉斯曾于 1985 年和 1992 年先后推出了两篇前后相继的综述文章《关于马克思与正义的争论》和《把马克思带入正义：答疑与补续》，涉及论文百余篇，著作 20 余部。在文章中，杰拉斯指出了所谓的"两个战略性问题"（也就是争论的焦点）。[①]简单地说，这两个战略性问题的实质是：

（1）马克思是否在用一种道德意义上的正义原则去批判并衡量

---

① 杰拉斯的"两个战略性问题"是指：（1）为什么马克思在著述中经常用"掠夺""盗窃""侵占"等词表述资本家的剥削？事实上，以资本主义的标准，资本主义的剥削并不是盗窃，而是与资本主义的所有制原则和贸易原则相适应的。（2）如果不诉诸某种超历史的正义原则，何种标准能够用来衡量马克思所说的那种优于资本主义社会和各阶级社会的分配方式？在社会主义或共产主义社会中，这一分配方式能够以人的自我实现为目的，使生产资源、自由、机会得到合理的分配，从而使社会成员的获利与失利能得到普遍的协调？Norman Geras, "Bringing Marx to Justice: An Addendum and Rejoinder," *New Left Review*, 195, 1992, pp. 37-69.

资本主义社会?

（2）如果马克思的确用了这一正义原则，那么该原则从何而来？是来自资本主义社会内部，还是来自社会主义社会和共产主义社会，或是来自超历史的正义标准？

围绕上述两个争议焦点，我们可以把各方观点都归到"马克思反对正义"（Marx against justice）与"马克思赞成正义"（Marx for justice）的两大立场中。下文所列则是双方针锋相对的代表性观点。[①]

（一）"马克思反对正义"

（1）马克思在《资本论》中认为，作为劳动力所有者的工人和作为资本所有者的资本家之间进行的工资交易是"等价"交易。工人与资本家都是各自商品的所有者，都在依据工资合同进行公正交易。因此，从这个意义上讲，工人并没有受到不公正的对待。

（2）马克思在《哥达纲领批判》中表达了对正义原则的批判态度，反对那些社会主义者把公平分配或权利当作工人阶级进行政治斗争的合法武器。

（3）在马克思看来，正义和权利的标准不可能超越它们的经济基础。它们受制于特定的生产方式，因而是受动地、被决定地、历史地相对于一定生产方式的。

（4）马克思认为，道德的本质是意识形态，它是非独立性的、易变的，因而是虚假的上层建筑。

（5）如果把正义原则带入马克思的思想，就会把马克思主义的

[①] 杰拉斯在《马克思主义思想词典》的"正义"条中，划出了"马克思反对正义"和"马克思赞成正义"两派，并就此罗列了绝大部分主要观点。本著作参考了该条目，但对大部分条目做了简化处理并增补了部分内容。Norman Geras, "Justice," *A Dictionary of Marxist Thought*, edited by Tom Bottomore, Blackwell Reference, 1991.

重大意义限制在分配领域（如收入差别、工资水平等）。这是一种改良主义。而马克思本人更加基础、更加革命的意图显然是要变革一定社会的财产关系和生产关系。

（6）把马克思的批判武器归结到正义原则上，就会改变他意在揭示历史真实力量的努力方向，即导致资本主义社会覆灭的根源。而马克思本人无疑会把这类具有"伦理启蒙"性质的原则毫无疑问地看作是唯心主义的产物。

（7）无论如何，司法性的正义原则在共产主义社会中是不存在的，因为在马克思看来，共产主义社会根本就没有国家层面和法律层面上的司法工具。

（8）马克思对共产主义社会的理解排除了那些使"正义的环境"（the circumstance of justice）（如资源的稀缺和不可避免的冲突）成为必要的社会条件。因此，所谓各取所需的分配原则根本就不是一种有关正义的分配原则，而恰恰是超越了正义原则的某种结果。

（9）马克思的确在谴责和批判资本主义社会，但并不是根据正义原则，而是根据自由、自我实现等其他价值。

（二）"马克思赞成正义"

（1）即使马克思说资本主义条件下的工资关系是"公平交易"，那也只是表面的暂时现象；相反，马克思在生产领域揭示了这种公平背后隐藏着的真实的剥削关系。"公平交易"根本就不是真实的交易，它是资本家对工人无偿劳动的占有。

（2）尽管马克思反对道德化的批判，但他本人经常把"剥削"说成是错误的和不公正的，并称它是"掠夺"和"盗窃"。这表明，马克思对资本主义社会的批判中必然存在某种正义原则。由于马克思同时又认为正义原则不可能超越一定的社会制度，因此，这种正义原则只能是超历史的标准（即适用于各种社会形态的正义标准）。

（3）马克思在《哥达纲领批判》中提到了后资本主义社会的一些分配规则，按由低到高的价值层级排列，分别是社会主义社会的按劳分配原则和共产主义社会的按需分配原则。这表明，在马克思那里，有一套和分配正义相关的、等级分明的道德价值序列。正是这些正义原则构成了马克思批判资本主义社会的价值依据。

（4）即使马克思用了道德相对主义的表达方式（即道德总是相对于特定社会的特定生产方式而言，不具备对他类社会或生产方式进行评价的合法性），也不应该从相对主义的角度去理解它们，因为那是道德现实主义（moral realism）的态度。马克思拒绝超历史的伦理判断，他的道德现实主义的宗旨是：为了获得更高的公平标准，必须创建不可或缺的物质条件。

（5）在马克思那里，强调分配正义原则在本质上并不就是改良主义。对正义原则的考量应具备一种广义视角。该视角不仅仅体现在分配领域，它是一种对社会中的好与坏最基本的分配，甚至包括对生产资料的分配。

（6）马克思不会认为道德批判本身是充分的，但作为历史唯物主义分析历史变革的一个补充，正义原则在马克思的思想中是有地位的。它不仅可以结合历史唯物主义理论去批判资本主义社会，还可以化作社会革命的有效中介。

（7）用"司法正义"限定正义原则是一种狭隘的理解。作为伦理原则，正义价值也可以独立于任何专制体制的工具，继而评价和决定如何分配社会收益与社会负担。

（8）马克思所说的共产主义社会的按需分配就是一种分配正

义原则。它旨在追求自我实现的平等权利。在马克思看来，只有当国家机器消亡之后才能获得这种权利。

（9）正义原则可以被自由、自我实现等其他道德价值容纳，即使正义原则是有限的、相对的，它的有限性和相对性也可以在其他价值中得到补充说明。

（三）两派的论辩

上述 18 条观点基本上涵盖了争论的全貌。在后面的评述中，笔者将依据这些观点内在的理论关系和逻辑理路把它们串起来，让它们相互对话。同时，为指明线索并简化起见，下文将以观点前的数字符号作为标识，如（1）、（2）、（3）……（9），以"F"（for）和"A"（against）区分相同数字标号的不同立场。[1]

从 F（1）和 A（1）这两种对立的观点来看，它们把目光分别聚焦在流通领域与生产领域，前者偏重流通领域，后者偏重生产领域。A（1）观点的代表人物伍德在提出这一观点时大量引用了《资本论》第 1 卷第 4 章中有关"劳动力的买与卖"部分。在他看来，该部分似乎说明，在劳动力市场，"劳动力的价值可以归结为一定量生活资料的价值"，它"随着这些生活资料的价值即生产这些生活资料所需要的劳动时间量的改变而改变"。同时，"劳动力价值的最低限度或最小限度，是劳动力的承担者即人每天得不到就不能更新他的生命过程的那个商品量的价值，也就是维持身体所必不可少的生活资料的价值"[2]。相应地，货币占有者，即资本家，通过工资形式的劳动契约合同从劳动力的所有者那里购买作为商品的劳动

---

[1] 如"F（1）"表示"马克思赞成正义"立场上的第一种观点。"A（1）"表示"马克思反对正义"立场上的第一种观点。

[2] 《马克思恩格斯全集》第 44 卷，人民出版社 2001 年版，第 200 页。

力。于是,"那里占统治地位的只是自由、平等、所有权和边沁。自由!因为商品例如劳动力的买者和卖者,只取决于自己的自由意志。他们是作为自由的、在法律上平等的人缔结契约的。契约是他们的意志借以得到共同的法律表现的最后的结果。平等!因为他们彼此只是作为商品占有者发生关系,用等价物交换等价物。所有权!因为每一个人都只支配自己的东西。边沁!因为双方都只顾自己。使他们连在一起并发生关系的惟一力量,是他们的利己心,是他们的特殊利益,是他们的私人利益"[1]。伍德据此认为,在流通领域内的工资关系中,工人与资本家的交易符合契约关系,因而是公正的。在那里,并没有所谓的非正义,工人也并没有受到不公正的对待。

作为观点F(1)的代表人物,胡萨米认为伍德在理解马克思的原话时忘记了马克思在写作中的"反讽式"艺术风格。在胡萨米看来,伍德是把资本主义形式上的"公正"当成了真实社会关系的写照。但恰恰相反的是,资本家先是"生产资料的占有者",工人先是"不得不把只存在于他的活的身体中的劳动力本身当作商品出卖","公平交易"才是可能的。因此,生产资料的私人占有制就事先决定了这种表面上看似公正的交易关系的实质。马克思在这里正是用资本主义自己所鼓吹的形式正义刻画资本主义本身的虚伪与欺诈。一旦形式上的正义被劳动合同固定下来,资本家在生产领域对劳动者无偿剩余价值的剥削看上去就顺理成章了。所以胡萨米认为:"从劳动契约的自由、平等、等价交换转变为不自由、不平等和非等价交换只是因为资本家和工人在经济地位上不平等。资本主义的劳动契约和资本主义的法律体系掩盖了工资关系的真实本质,好似资本主义在把劳动(而不是劳动力)当作商品并告诉工人他们的劳动已经得到了足额的回报。"相反,在马克思那里,"劳

---

[1] 《马克思恩格斯全集》第44卷,人民出版社2001年版,第201页。

动契约权利只是'形式上的',这种表面现象与真实关系是直接对立的"。事实在于"工资只是支付了劳动力的价格而并未支付足额的劳动贡献"。真正的公平在于"要根据工人的劳动所得(而不是根据劳动力的商品价格)支付工人的工资"。胡萨米继而把这种劳动贡献原则联系到马克思在《哥达纲领批判》中提到的按劳分配,认为这就是马克思在谴责和批判资本主义社会时所用的社会主义正义原则。马克思正是通过把按劳分配的社会主义正义原则"引申"为无产阶级正义原则的方式去批判资本主义社会的非正义的。这是观点 F(3)。①

上文提到的"引申"一词,在杰拉斯那里似乎是说不过去的。尽管他承认马克思的思想中确有某种分配正义原则,但却不是来自社会主义或共产主义社会。他问道,既然社会主义和共产主义的价值原则可以用来批判和谴责资本主义社会,那么,社会主义和共产主义本身的价值优先性从何而来?也就是说:"如果马克思是通过潜在的控诉(使用偷窃、盗用等字眼)谴责资本主义的剥削是非正义的,而标准来自社会主义。那么,人们为什么要更加热衷这些标准?毕竟,社会主义是另一种社会秩序,资本主义本身也是一种社会秩序。只不过,社会主义是一个更加高级、更具进步性的历史阶段。但是,这种社会形态的等级排序到底有什么意义?"所以,杰拉斯认为,马克思的确是在谴责资本主义社会,说它是不公正的。但是,既然资本主义的正义原则不具有评价的正当性,而社会主义和共产主义社会本身的进步性也是值得怀疑的,也是需要提供价值说明的,那么马克思批判资本主义社会的正义原则就必定是超越历史的,不仅社会主义和共产主义社会的正义原则不能说明它;

---

① Z. I. Husami, "Marx on Distributive Justice," *Philosophy and Public Affairs*, vol.8, no.1, Fall 1978.

相反，它是可以囊括并说明社会主义和共产主义社会之正义原则的，即观点 F（2）。这一原则，在杰拉斯看来，就是具有广义普遍性的所谓"对一定社会收益与社会负担进行安排的分配正义"。同时，由于这种超历史的正义原则不受社会主义和共产主义的束缚，它将有助于批判那些在历史必然性上大做文章的专制政体（如斯大林主义政权），因而具有普遍的评价功能。①这是观点 F（7）。

无论是体现阶级利益的正义原则，还是超历史的正义标准，或是司法性的正义概念，布坎南都一概拒绝。在他看来，伍德的观点 A（7）过于狭隘（即正义只是一种司法概念），只看到了概念的描述性特征，和马克思的本意不相符合。而所谓社会主义、共产主义和超历史的正义原则在马克思那里也是不存在的。布坎南认为，正义问题在马克思那里只能被看作是深层问题的表面征兆，他在理论上和实践上的当务之急就是要揭示那些深层问题。一旦这些问题通过更为理性的共产主义生产方式得以解决，那么休谟和罗尔斯所说的"正义的环境"将自然消失。而马克思所理解的"正义的环境"是"富足"（abundance）（即"财富的涌流"）与"和谐"（harmony）（即"自由人的联合"）。所以，马克思的那句话"从根据每个人的能力，到根据每个人的需要"，根本就不是一种正义原则，而毋宁说是在深层问题被解决之后自然产生的一种结果，即观点 A（8）；相反，恰恰是需要的满足左右了马克思评价一定社会制度优劣程度的标准，而不是正义原则。布坎南指出，那些试图用传统的或当代的政治理论去刻画马克思的做法是完全无效的，因为马克思的政治理论是对两种主要的政治哲学的批判：批判（1）以正义作为社会制度

---

① Norman Geras, "Bringing Marx to Justice: An Addendum and Rejoinder," *New Left Review*, 195, 1992, pp. 37-69.

第一美德的政治哲学主题（如罗尔斯）；（2）批判以尊重权利所有者的个体权利为第一美德的政治哲学主题（如诺齐克）。所以，在马克思那里是没有正义理论的，也就是说，没有一种正义理论可以给后资本主义社会提供充分的规范性制度结构。[1]

如果布坎南是正确的，如果马克思的确是把"需要的满足"作为评价一定社会制度优劣程度的标准，那么，作为非道德善的需要，它的满足问题就可能有会两种情形：（1）最大化非道德善，（2）是以相应的权利限制非道德善的最大化。（1）必须有前提，正如埃尔斯特所言，"需要的满足"有两个条件：一是生产力水平很高；二是人们相应地减少自己的需要。因为满足所有人的所有需要似乎是件不可能做到的事情。（2）存在的原因是，一些人"需要的满足"不能以另一些人需要的损失为代价。因此，必要的权利限制是不可避免的。许多学者认为，情形（1）根本无法讨论，因为马克思显然不会在最大化非道德善的立场上更加热衷于"相应地减少各自的需要"，他很明显地是在期待不断增长的社会生产力。如果"乐观地估计生产力水平"这一条件是充分的，那么最大化非道德善就是有可能的。然而，生产力水平究竟能有多高，这似乎是个未知数，所以讨论它没有意义。于是，主要问题集中在（2）上。埃尔斯特的观点 F（8）认为，劳动贡献原则是一个"以劳动获得等额回报的平等原则"。而马克思所提出的需要原则是一个更加真实或更好的平等原则。因为，马克思在指责贡献原则的"缺陷"时本质上是说，它产生了没有道理的各种不平等。不平等的回报建立在个人能力差异的基础上，而这种能力差异没有道德相关性。所以，马克思在贡献原则的替代物中所预见到的是：平等不是一种以等量劳

---

[1] Allen E. Buchanan, *Marx and Justice: The Radical Critique of Liberalism*, chapter 4, Methuen, 1982.

动获得等值回报的权利,因而也不是每个人对同样的事物或一定社会福利份额具有同等的权利。毋宁说,它是一种自我实现的平等,即每个人作为"种存在"(species-being)平等地通过自己的方式自我实现的权利。①

根据布坎南和伍德的立场,他们显然不会同意埃尔斯特和其他一些学者以这种方式理解马克思对正义的看法。让我们再次回到《哥达纲领批判》中,回到马克思对那些正义和权利概念的批判和声讨中。众所周知,马克思批判《哥达纲领》的政治立场直接针对的是拉萨尔派的社会主义。马克思十分明显地拒绝"通过一天公平的劳动,获得一天公平的工资"这种拉萨尔主义的社会主义口号。在一些学者看来,马克思不仅反对道德化的批判,也反对道德化的改良,即观点 A(2)。理由很简单,从观点 A(4)来看,在资本主义条件下,正义和权利只能是资产阶级意识形态的造物,它不是工人阶级可以用来进行革命的手段;相反,它恰恰是为资本主义经济基础服务的虚假的意识形态,是用来欺骗和麻痹工人阶级的精神鸦片,即观点 A(3)。于是,布坎南认为,关注分配正义,在另一种意义上就是改良主义。它放弃了马克思所追求的具有真实革命趋势的唯物主义事业,即推翻资本主义的秩序,取而代之的却是道德启蒙和法律改革的方案。它会使工人阶级"直接关心那些使人困惑的抽象的正义理念而远离具体的革命目标"。在马克思看来,这是一种理想主义的形式。它相信历史的进步可以在人们有关道德的或司法的观念中得到更好的改变。但以观点 A(5)来看,这种改变是次要的,它只不过是变革社会生产关系过程中的派生物。或者如伍德所说,对于一个唯物主义者的任务来说,以正义的名义批判资本主义就是一种退却——他们只不过是一些想要把自己装扮成革命的、

---

① J. Elster, *Make Sense of Marx*, Cambridge University Press, 1985, pp.229-233.

坚定的、富有激情的自以为是的人（如果可以是的话），从而可以"在下一届民主大会上发表政治性的演说"①。

但是，有些学者认为，把正义和权利的分配原则带入马克思主义的政治活动非但不是一种道德改良主义，恰恰是马克思所提倡的一种道德现实主义。在范德威尔看来，马克思分配正义原则的涵义要更加广泛。因为在《哥达纲领批判》中，在那些公认的反分配倾向的措辞中，马克思显然很关心自由时间的分配、机会的分配，关心那些令人不愉快的、厌恶的工作分配，关心更普遍的社会福利分配，总之，关心社会的和经济的利益分配与负担分配。而且，马克思特别关心决定这些分配的生产资源的分配。所以，从观点F（5）来看，马克思最关注的就是生产资料的现实分配问题，正是这一问题引发了马克思主义理论的现实使命，也就是对资本主义的生产关系进行卓越的革命。②不仅如此，一些学者还认为，马克思的道德现实主义在"卓越革命"中也是不可或缺的。在瑞恩（Cheyney C. Ryan）的观点F（6）看来，就马克思而言，如果道德化的批判是唯一自足的，那么它的确应该遭到反对。但是，当革命的手段或冲动显然还不充分的时候，道德的批判就绝不会和历史唯物主义的分析（即通往革命的真实历史趋势）相矛盾。并且，结合这种分析，伴随着工人反对资本家的真实斗争和真实运动，伴随着这些斗争所带来的社会变革或经济变革，规范化的道德批判就是完全恰当的，它是对经济主义的一种拒绝。伴随着现实的活动过程，道德的规范性批判必将有助于革命的人类

---

① Allen W. Wood, "The Marxian Critique of Justice," *Philosophy and Public Affairs*, vol. 1, no. 3, 1972, pp.244-282.

② D. van de Veer, "Marx's View of Justice," *Philosophy and Phenomenological Research*, vol. 33, no. 3, 1973, pp.366-386.

行动，有助于社会主义目标的实现。①

二、一种辩证的理解方式

塞耶斯在《马克思主义与道德》一文中对"马克思反对正义"和"马克思赞成正义"的立场都提出了批判。他指出："近来对马克思社会批判学说的分析和说明中，占据统治地位的有两种相互对立的思路。一方面有些人试图把马克思置于功利主义和自然主义的传统中。他们坚持认为，马克思对资本主义的批判是基于某种普遍人性的观念，马克思认为社会主义将更好地促进人类的丰富性和满足人的利益（Lukes; Wood）。另一方面，有些人则坚持认为，马克思是基于正义和公正的普遍性标准而批判资本主义的剥削和不平等的（Geras; Cohen; Elster）。这两者都是自由主义的启蒙道德思想中占据统治地位的思路。人们常常认为这两种思路是绝对排斥的，其实不然：马克思与黑格尔的哲学都同时包含了这两个方面。"②

与早些年的一篇文章《分析的马克思主义与道德》相似，塞耶斯认为，应坚持以辩证的眼光看待马克思主义与道德的关系，同时要认真对待黑格尔在这方面对马克思的影响以及马克思对黑格尔的超越。在塞耶斯看来，马克思的辩证的历史理论为批判资本主义、倡导社会主义提供了基础。他总是把二者置于具体的历史条件下予以关注。马克思并不试图在普遍原则的基础上去批判现实，也不是要阐明一种超越历史的未来理想社会应该是什么。他的批判并不诉

---

① Cheyney C. Ryan, "Socialist Justice and the Right to the Labor Product," *Political Theory*, vol.8, no.4, pp.503-524.

② 〔英〕肖恩·塞耶斯：《马克思主义与道德》，贺来、刘富胜译，载《哲学研究》，2007年第9期。

诸超验标准，它是内在的和相对的。所以，从观点 A（6）来看，历史唯物主义对真实历史活动过程的揭示无需所谓超验的、超历史的道德标准作为历史"向导"。同时，塞耶斯强调，在理解道德价值的历史性和相对性的同时，也要警惕堕入相对主义和怀疑主义的危险中。在马克思那里，道德价值建立在社会理论基础之上，这种理论不是纯粹的乌托邦和道德论，而是拥有坚固的、客观的和科学的基础（即历史唯物主义）。[①]所以，"不同的社会关系要求不同的正义原则，这些原则随着特定的条件出现，对于它们的时代来说是必然的和正确的。但是随着时间的推移，随着新的社会秩序得以产生的条件发生了变化，先前的原则就会失去必然性和正确性"。于是，从观点 F（4）来看，塞耶斯以为："正义和公正原则都是社会历史现象，一定要在这个意义上来理解马克思对资本主义社会非正义的批判。"[②]

对于为什么正义原则从 20 世纪 70 年代开始成为英美马克思主义伦理学研究中最富争议的焦点这一问题，绝大多数学者都对此语焉不详或避而不谈。笔者以为，自二战后至 20 世纪 70 年代，以美国为首的发达资本主义国家在经济上取得了长足发展的同时也招致了许多积重难返的社会问题，而社会失范症结则首当其冲。所谓社会失范，即社会缺乏引导和规约（无论是制度上的，还是价值精神上的），其潜台词则是呼唤"良序社会"。也是在这个意义上，我们可以说，罗尔斯的《正义论》（1971）正是他那个时代的产物，是一部立志于"建功立业"的学术指南。但这和马克思有什么关系呢？实际上，在笔者看来，尽管马克思的确是"正义"主

[①] S. Sayers, "Analytical Marxism and Morality," *Canadian Journal of Philosophy*, Supplementary vol. 15, 1989, pp. 81-104.

[②] 〔英〕肖恩·塞耶斯：《马克思主义与道德》，贺来、刘富胜译，载《哲学研究》，2007 年第 9 期。

题下所热议的焦点人物,但实质上却并不是"马克思需要正义",恰恰相反,是"正义需要马克思",是在"社会收益和负担的再分配问题上"、在"批判现存社会继而为新的良序社会扫除障碍的问题上"需要马克思的批判精神。这么说并无意抹杀相当一部分真正的马克思主义者的学术立场和理论贡献,问题是,尽管我们可以在英美学者的学术争鸣中加深对马克思主义正义观(甚至是地道的马克思主义正义观)的理解,可最终的结果还是,罗尔斯虽出版了《正义论》,但却在性质上不是马克思主义的。

总体上看,西方学者对马克思主义学说的态度是一分为二的。他们一方面折服于马克思主义对资本主义深刻而犀利的社会分析;另一方面又普遍认为马克思主义是批判力有余,而建构力不足,是解释力过剩,而改造力贫乏。一如麦克莱伦在梳理了近半个世纪的马克思主义史后曾这样说道:"马克思的理智威力就在于他对资本主义的批判,而他的工作的理性思路表明,它明显无力应对具有非资本主义性质的社会……在各类研究领域,马克思和由他所赋予灵感的思路仍会具有革新精神和洞察力。但这种思路仍会像以往任何时候一样(请马克思恩准我的不同看法),在解释世界的时候要比它在改造世界的时候更为有效。"[1]正是心中存有对马克思主义的此番理解,才会出现英美学者在重建马克思主义规范理论(正义原则是构建这种规范理论的主要价值来源之一)上的乐此不疲。但若仔细考察他们对这种规范理论建构的解释路径(或者具体地说,对正义原则解释路径),就不难发现,大多数理论立场都来自于目的论(后果论)、契约论、道义论(混合道义论)、境遇论等。虽然我们不能说马克思主义的正义观或马克思主义的规范理论和这些解

---

[1] David McLellan, "Then and Now: Marx and Marxism," *Political Studies*, vol.47, no.5, 1999, pp. 955-966.

释路径都不沾边，但可以肯定地说，若要依循上述任一解释路径作为理论立场，那么也就无须"多此一举"地在这些原则和规范理论前再加上"马克思主义"的定语了。

塞耶斯对马克思主义正义观的理解是中肯的。正如马克思自己所言："工人阶级不是要实现什么理想，而只是要解放那些在旧的正在崩溃的资产阶级社会里孕育着的新社会因素。"正义价值就是要在这种"新社会因素"中去寻找来源。正是在这个意义上，我们可以说，在资本主义社会的生产关系和法权形式中其实就客观存在着作为资本主义对立面出现的正义原则之社会基础和价值来源。不过，这一立场和观点其实已不算新鲜，真正了解马克思主义理论的人大都深谙其中的道理。所以，问题的关键是，在资本主义国家，在资本主义社会的发展潜能尚未耗尽之前，正义价值自身能在"新社会因素"中找到多大程度上的发展空间；而在社会主义国家，在充分厘清生产关系并发掘作为主导的"新社会因素"潜能的基础上，如何创制出一套具有社会主义性质的正义理论及其实现方式。总之，一如其他任何的道德价值，正义原则既不能被鄙为伸缩自如的附庸，也不能被视为绝对至上的神谕。就前者而言，如果正义不能被"板上钉钉"在社会制度的行动框架内，那么，垮塌散架或行将就木便会是该社会的未来征兆；就后者而言，应该铭记的是，当人们在正义的感召下热血沸腾、热泪盈眶的时候，迎面而来的有时却是利益的一记耳光。

三、伦理正义与道德应当

以历史唯物主义为基础，以唯物辩证法为依据研究马克思主义伦理学，是塞耶斯区别于大多数分析的马克思主义者的特点。正是在这个意义上，作为坚持历史唯物主义和辩证法的当代英美学者之一，塞耶斯在马克思主义伦理学上的一些观点，是十分中肯的。然而，在《马克思主义与道德》这篇文章的结尾，在他突出地强调了黑格尔与马克思的历史渊源之后，在他较好地分析了道德价值和伦理原则在马克思主义中的地位及其作用之后，他却提出了两个带有"道德感伤主义"的，同时也是令人费解的问题。

塞耶斯说："本著作的目的不仅是要解释马克思的思想，并说明认识到这些思想的黑格尔渊源对于理解它们是何等重要，而且还试图联系当代的争论来发展并捍卫这些思想。"并且，这些思想尤其与两个问题相关：

（1）是否可以把历史视为一个进步的过程？
（2）是否经济进步最终都服务于人类的福祉？

塞耶斯同时补充道："前一个问题一旦联系到上个世纪的历史就会频繁被提出。上个世纪在很多方面看来都是充满暴力和极具灾难性的，尤其是全世界范围内的进步运动的失利达到了顶点。后一个问题是由于环境灾难的威胁而尖锐地提出的。"于是，塞耶斯提醒我们："在当前针对马克思主义的许多批评中，这些问题带有根本性：如果人们今天还继续使用马克思的思想，并为这些思想作辩护，就需要提出这些问题。"[①]

在问题（1）中，如果正如塞耶斯自己所理解的那样，既然"当更高社会形式（社会主义）的条件在它（指资本主义社会）内部已经形成的时候，资本主义相反就变成了进一步发展的枷锁。从这种更高级社会的立场来看，资本主义的社会关系是人类发展的障

---

① 〔英〕肖恩·塞耶斯：《马克思主义与道德》，贺来、刘富胜译，载《哲学研究》，2007年第9期。

碍，是不公正的"，既然马克思"是站在更高社会形态的立场上（他认为这种立场是内在于目前这个社会的）"批判资本主义社会并认为"它注定要过渡到（着重号为笔者所加，下同）完全的共产主义社会"①，那么，把"历史"和"进步过程"联系在一起提问究竟意味着什么呢？其实，答案在塞耶斯的补充说明中已经依稀可见，简单地说，即历史不总是表现为进步过程，一定程度上的历史倒退在所难免。笔者认为，这是一句毫无意义的常识。之所以把它称之为是"道德感伤主义"的"常识"，是因为塞耶斯问出了一个非辩证的，因而不是马克思主义的，但却是正确的空话。实际上，塞耶斯在"道德与历史进步"的问题上已经和杰拉斯打了多年的笔仗，②他一贯反对杰拉斯非辩证地看待历史进步问题，指责后者用超验的、超历史的正义原则去"规范"马克思主义，并声称历史进步在马克思那里呈现出的是一种辩证发展的过程。而这正是杰拉斯所反对的立场。那么，既然塞耶斯对历史进步问题作了马克思主义的"辩证发展式"的理解，却转而又回到杰拉斯对"历史进步之必然性"的质疑上（结合上文杰拉斯反对胡萨米"引申"用法的立场），岂不是自相矛盾？真正的问题在于，如果在历史进步问题上坚持马克思主义的辩证眼光，就必须把历史当作一个"总体"，而不是当作一个进步的总体来看待，就必须以矛盾的眼光来看待由进步力量与反动力量（反动在这里没有政治含义）所构

---

① 〔英〕肖恩·塞耶斯：《马克思主义与道德》，贺来、刘富胜译，载《哲学研究》，2007年第9期。

② S. Sayers, "Analytical Marxism and Morality," *Canadian Journal of Philosophy*, Supplementary vol. 15, 1989, pp. 81-104; Norman Geras, "Bringing Marx to Justice: An Addendum and Rejoinder," *New Left Review*, 195, 1992;〔英〕肖恩·塞耶斯：《道德价值与进步》，肖木摘译，载《世界哲学》，1994年第6期，原载于《新左派评论》，1994年，3/4月号。

成的历史总体这一客观事实，就必须把进步力量与反动力量看作是在"作为推动原则和创造原则的否定的辩证法"的作用中矛盾运动的过程，就必须以实践而不是观念去把握作为"推动原则"和"创造原则"的历史进步力量。因而，在马克思那里，根本就没有作为进步的总体概念，有的只是历史总体中"从一而终地"、客观存在并相互对立着的进步力量与反动力量两种事实，因而，历史的必然性只是在于：（1）进步力量作为历史的客观事实必然存在，（2）进步力量与反动力量的矛盾对立必然存在，（3）代表进步力量的社会基础与人群共同体（资本主义社会中即无产阶级）必然存在，并且（4）代表进步力量的人群共同体，一旦把握了真实的历史进步力量，历史的进步就是必然的，最后（5）让我们抛弃进步力量和反动力量这类抽象的概念，而把这一过程简单地表述为：分化—对立—阶级—革命。与此同时，马克思主义对这种历史进步之必然性的理解显然区别于机械的决定论，因其无论是个人或共同体都可以在自觉或不自觉的程度上代表着历史的进步力量或反动力量，所以，这里的必然给自由选择留下了余地。

反之，把历史总体当作是进步的总体，无疑是一种对历史必然性的非辩证式的理解。塞耶斯的问题（1）中显然就包含着这样一个前提：历史总是在进步，这就是所谓的进步的总体。这样一来，一旦这种"非辩证的历史必然性"遭遇到历史反动力量或历史表象的扭曲，历史总是在进步么？即问题（1）这一带有"道德感伤主义"的困惑就势必会出现。正是在这个意义上，塞耶斯可以在他所理解的马克思主义的历史理论与方法论中再进一步，从而这样写道：去发现和实践历史的进步力量吧！

至于问题（2）中的经济进步与人类这两个概念，塞耶斯是在"为马克思的思想作当代辩护"的立场上提出的。从而，在马克思主义的立场上，对问题（2）的质疑就可以突出地表现为这样两个追问：（1）究竟是"谁的"经济进步？（2）应该"笼统地"使用人类这一概念么？简要回答是：（1）资本是当代社会最大的操盘手，从而经济进步实际上是资本的进步，因此（2）资本的进步必定最终都服务于资本及其所有者的福祉，并且在事实上资本的福祉的确在不断地增长。

实际上，塞耶斯是基于当前的生态危机才提出了这一关于社会生产力与自然环境之间矛盾关系的问题。然而，既然问题是关涉马克思主义的，那么，从马克思主义的立场来看，在理解社会生产力与自然生态之间的矛盾关系上，可以认为，一个马克思主义者自然也是一个环境主义者或生态主义者，但必须首先是一个马克思主义者，然后才是一个环境主义者和生态主义者。这种区分究竟意味着什么呢？答案是：社会生产与生态环境的矛盾不单纯是，并且在本质上不是一种纯粹的"自然矛盾"，从而不能以没有主语的经济进步来"自然地"联想抽象的人类福祉。相反，这种矛盾关系只能被理解为人类社会与人化自然之间的矛盾，因而在本质上是人类社会内部自身的矛盾，只不过以"人与自然"之矛盾关系的"抽象外观"表现出来罢了。如果以这种立场看待全球性的生态危机，就不难发现：南美洲国家大规模砍伐原始森林对全球气候造成的负面影响与这些国家的经济受难于殖民地时期的影响不得不以输出林木资源换取发展之间的矛盾；非洲矿产资源地由于过度开发所造成的水土、植被环境的破坏与当地经济不得不以自然资源的输出维系基本生活之间的矛盾；发达国家在第三世界国家所建立的各种有负面生态效应的工业所带来的一些灾难性事件（如印度的博帕尔事件）与该国经济依赖于世界经济生产链之间的矛盾，等等。与第三世界国家以作为初级生产资料的自然资源换取基本的社会生活资料而不得不以牺牲生态环境为代价相比照的却是发达国家的"消费社会"。[1]在全球化时代，资本的经济进步在发达国家的"有节制"是以在第三世界国家的"无节制"为代价的。而第三世界国家的贫困、战乱、生活环境的恶化使"生态考虑"在他们那里只能是一种"奢侈的乌托邦"。如果是以马克思主义的立场，而不是以别的立场，所谓经济进步与人类福祉的矛盾只能首要的通过处理人类社会内部矛盾的方式才能解决，从而才可能真正地处理好人与自然的关系。所以，我们就不能以没有主语的经济进步去忽略事实上在全球范围内的两极分化，就不能因人类福祉忘却在全球性的生产关系中处于不同地位的各类人群，从而也就不能以所谓抽象的人与自然的矛盾关系遮蔽人类社会自身的矛盾。如果仅以这种抽象的矛盾关系去看待问题，那么一旦上升到纯粹的环境主义者和生态主义者的立场，人类最好的选择即是：退出自然界！

之所以从塞耶斯的两个问题发起质疑是因为：（1）塞耶斯的这两个问题是以"马克思主义与道德"为名并在"为马克思的思想作当代辩护"的立场上提出的，所以与马克思主义的伦理学主题有关。（2）塞耶斯一贯坚持历史唯物主义和辩证法，因而对"马克思反对正义"与"马克思赞成正义"两方的批评基本上是合理且中肯的。然而，正是这位坚持原则的学者却困惑于一些原则性的问题，这不得不引起重视。（3）最为重要的是，塞耶斯的这两个

---

[1] 如果想对第三世界国家在这方面的遭遇有直观的了解，可以观赏由爱德华·瑞克（Edward Zwick）导演，珍妮弗·康纳利（Jennifer Connelly）、莱昂纳多·迪卡普里奥（Leonardo DiCaprio）、阿诺德·沃斯鲁（Arnold Vosloo）主演的影片《血钻》（*Blood Diamond*）。该片以1999年内战中的塞拉利昂为舞台背景，写实性地再现了在非洲大陆上长期流传的一句俗语："If you want long life, never touch the diamond!"（如果你想长命，千万别碰钻石！）影片向我们揭示了发达国家对高级奢侈品消费欲望的增长是如何以非洲钻石产地居民的生命和鲜血为代价的。

困惑实际上暗含着"马克思与正义"这场争论中更为深层次的理论问题。

究竟什么是更为深层次的问题？塞耶斯的困惑实际上体现了这场争论的两个理论关键及其困境：（1）如果马克思主义在历史进步问题上被理解为一种必然性理论（即社会主义和共产主义必将取代资本主义），并且只能是物质的生产方式发生必然的变革，那么，道德在马克思主义那里究竟有何用处呢？在"马克思反对正义"这一边，根据"科学"的必然性规律，伍德通过把正义简化为司法性从属概念的方式消解了道德价值的功能和作用。而在"马克思赞成正义"这边，承认必然性的学者显然会求助于社会主义和共产主义的正义价值，如胡萨米、埃尔斯特等，而不承认必然性的学者势必会在必然性之外去寻求普遍的正义原则，如杰拉斯、科恩等。（2）历时态的历史必然性和共时态的经济决定论（economical determinism）是相辅相成、互相支撑的。所谓经济进步与人类福祉的矛盾，即经济进步是增进还是减少人类福祉的问题，在本质上是经济发展与利益得失的矛盾关系问题。在资本主义社会则表现为资本主义经济发展与无产阶级利益之间的矛盾关系问题。在这个意义上，如果马克思主义被理解成一种经济决定论或技术决定论，那么道德在无产阶级利益得失的问题上又有何作用呢？在"马克思反对正义"的一边，强调经济决定论的学者往往会把道德理解为"没有独立外观的"，从而是虚假的意识形态，是毫无进步性可言的物质生产方式的附属现象，所以根本无助于无产阶级的利益，如米勒、伍德等。而在"马克思赞成正义"的一边，强调经济决定论的学者往往把道德看作是获得更高正义标准所不可或缺的条件，如尼尔森等；或者把无产阶级的正义原则看作是评价资本主义社会的标准，如胡萨米等；或者把道德评价看作经济决定论的一种结合或补充，从而能够充当革命的中介以推动无产阶级利益的实现,如瑞恩等。而反对经济决定论的学者则往往赋予正义原则更为广泛的含义,如范德威尔把生产资料的分配也纳入正义原则当中;或者如杰拉斯把正义原则理解为超历史的关于社会利益与负担的分配性标准,等等。自然,也有在(1)和(2)的问题上比较辩证地看待问题的学者,如前面所提到的塞耶斯等。

需要说明的是,经济决定论和技术决定论在许多英美学者那里通常被看作是一种有关因果关系的理论。前者往往特指经济基础与上层建筑之间的因果关系,后者往往特指生产力与生产关系之间的因果关系,因而与国内对决定论的"辩证理解"有所不同,需要加以区分。

通过上述分析,这场"马克思与正义"的争论能带给我们什么启示呢?毫无疑问,马克思的思想中存在正义价值。不仅如此,马克思的思想中还包含自由、自我实现、共同体等具有历史社会进步意义的多种道德价值。然而,仅凭这一判断是不足以令人信服的,关键要看这种判断的理由和依据:(1)社会伦理道德的基础究竟在哪里?(2)社会伦理道德的作用究竟何在?就正义价值而言,可以对这两个问题作如下回应:

关于问题(1),在马克思主义那里,正义价值既不来源于超验的、超历史的普遍原则,也不来源于对人性的经验和直观,而在本质上来源于一定社会生产方式中真实发生的客观利益。在资本主义社会,马克思主义的正义原则来源于无产阶级的利益需要。然而,这种利益需要并不是胡萨米在《哥达纲领批判》中所发掘的后资本主义社会的正义原则,而毋宁说是在资本主义社会内部体现无产阶级利益的具有社会主义性质的正义原则。因而,马克思主义的正义原则必有其现实的社会基础作为内容。在这个意义上,无产阶级的正义原则就是资产阶级的非正义原则,无产阶级无须从先验理性、救世主、未来世界中寻求正义原则,无产阶级没有自己特有的正义原则,它的正义原则恰恰就在资产阶级正义原则的内部并作为其对立面出现,恰恰就是对资产阶级既得利益的"反叛原则"和"颠覆原则"。至于这种正义原则的现实发生过程,美国哲学学会马克思主义哲学研究会主席、纽约州立大学布法罗分校哲学系教授詹姆斯·劳洛在《马克思主义哲学和共产主义》一文中写就的有关马克思评价《十小时工作日法案》的一段精彩论述,就提供了一个很好的例证。

> 从绝对到相对剩余价值的这一发展,是由强加在资本主义劳动市场上的限制来推动的,它开始于《十小时工作日法案》。
> 这样我们就得到了一个内在发展的辩证过程,这个过程有几个阶段。(1)外延性发展的自由市场资本主义驱使工人们精疲力竭甚至死亡,但是也导致社会反抗,或者导致一系列社会反抗。结果,社会有意识地把一些限制强加于这个过程,在某种程度上用社会预见来控制社会生产。(2)作为达到这种程度上的社会调节的结果,更为集约性的发展、以技术为取向的资本主义形式成为获取利润的主要方式。(3)经济冲突的这个结果同一系列技术发展阶段相互交织在一起,这些阶段是从手工制造到机器制造,到自动化的扩大应用以及日益需要以科学为基础的技能。(4)因此,受过更多教育的劳动力成为"发达资本主义"的实际必要条件。(5)有助于上述过程的技术上的基本原理削弱了对劳动的等级制组织,工人们变得有能力——事

实上是日益需要他们来——自己做出基本的生产决策。

（6）这一发展的逻辑结果应该是工人所有的或工人控制的企业的出现。①

劳洛在这段论述中，立足于生产方式的历史发展过程，具体而辩证地阐明了共产主义是如何在资本主义社会范围内发展出来的过程。正是在这个意义上，《十小时工作日法案》这一曾被马克思誉为"社会对其生产过程自发形式的第一次有意识、有计划的反作用"②，恰恰就是马克思主义正义原则的体现，即无产阶级正义原则在资本主义社会内部产生的绝佳体现。尽管，《十小时工作日法案》只是无产阶级正义原则的一种具体体现，然而，无产阶级的正义原则恰恰就是在资本主义社会内部不断地具体体现，恰恰就是抛开那些抽象原则的形式而直接针对资产阶级正义原则的具体内容。因此，在马克思主义看来，没有超出这些真实体现的普遍原则，有的只是不断体现的真实过程。所以，马克思才会在《法兰西内战》中这样写道："工人阶级不是要实现什么理想，而只是要解放那些在旧的正在崩溃的资产阶级社会里孕育着的新社会因素。"③

根据上述结论，问题（2）就突出地表现为马克思主义的正义原则是维护无产阶级的既得利益，推动无产阶级利益实现的不可或缺的进步的意识形态。因此，在资本主义社会内部，正如劳洛在引文中提到的"社会预见"作用，当阶级对抗达到一定的程度，资产阶级为了维护自身的既得利益，就会以"资产阶级的政治经济学"计算既得利益的"最大化"问题，从而以计算出的最大化利益作为

---

① 〔美〕詹姆斯·劳洛：《马克思主义哲学和共产主义》，张建华译、欧阳康校，载欧阳康主编：《当代英美哲学地图》，人民出版社2005年版，第678页。
② 《马克思恩格斯全集》第44卷，人民出版社2001年版，第480页。
③ 《马克思恩格斯选集》第3卷，人民出版社1995年版，第60页。

社会预见指导社会生产并缓和阶级对抗，以减少利益损失。作为可以预见到的结果，资产阶级的正义原则就会在利益的分配与协调问题上，作出一些有利于无产阶级利益的让步。当这些被修改过了的含有社会主义性质的资本主义正义原则以资产阶级法权形式被固定下来的时候，就可以充当维护无产阶级既得利益并与资产阶级作进一步斗争的武器。正是在这个意义上，无产阶级政党是完全可以在资本主义社会的政治框架内为自己的阶级利益进行政治斗争的。然而，正如恩格斯曾经对德国社会民主党领导集体的告诫，无产阶级政党不仅要借助议会斗争这个手段进一步争取无产阶级的既得利益；另一方面，还要随时作好武装革命的准备。恩格斯的提醒是正确的，因其阶级利益在本质上是相互对抗的，只要无产阶级不断地争取自身利益，资产阶级必然有无法容忍的一天。换句话说，除非资产阶级被自己提倡的博爱和仁慈感化；否则，由阶级冲突引发的无产阶级革命将是不可避免的。此其一。

其二，无产阶级从自在阶级上升到自为阶级，自身必须拥有革命的意识形态。无产阶级的意识形态是团结无产阶级、维护阶级利益、推动阶级革命不可或缺的重要条件。在这个意义上，正义原则通过无产阶级政党发挥作用，对无产阶级利益发挥一定的规范作用：一方面，是约束（restriction）作用，即团结阶级成员，协调阶级内部的非对抗性关系，形成阶级的凝聚力，规范阶级成员的行为以区别于流氓无产者和无政府主义者；另一方面，是引导（conduct）作用，即引导无产阶级作为一个整体与资产阶级展开各种形式的斗争，包括争取社会福利与保障、争取公共卫生体系与住房条件的改善、争取更多的劳工权利与工资额度、争取更多的参政议政机会等等，并且随时作好充分的准备以整体的阶级意识引导无产阶级的革命行为。这两种规范性作用相辅相成，不可偏废。前者作用不到位，无产阶级的凝聚力势必削弱，组织的涣散有可能会使无产阶级从自为状态退回到自在状态。后者作用不到位，势必会消解无产阶级的革命斗志，从而逐渐淡却无产阶级的历史使命，结果势必会被资产阶级的意识形态所软化、分解、侵蚀。

另有一些学者认为，马克思不是根据正义原则谴责和批判资本主义，而是依据自由价值。然而，自由价值究竟是什么？对于这个问题，学者们的看法不尽相同。

第四章
作为道德价值的自由

在匈牙利著名的爱国主义战士和诗人裴多菲·山陀尔的《自由与爱情》中,自由曾被如此赞誉:"生命诚可贵,爱情价更高,若为自由故,两者皆可抛。"的确,自由,这个享誉西方世界的价值理念千百年来一直是人们不懈追求的人生指南。然而,正是对自由的渴望衬托出了人世间自由的匮乏。一如卢梭不无伤感地说:"人生而自由,却无往不在枷锁之中。"那么,对于马克思来说,自由究竟意味着什么呢?许多人都熟知马克思的一句名言,那是对共产主义社会的刻画:"每个人的自由发展是一切人自由发展的条件。"然而,马克思主义理论却告诉我们,前共产主义社会是人类社会的史前史,那里存在着剥削、奴役、压迫,但同时也有反抗、斗争与革命。他似乎在说,人生而不自由(freedom),却无往不在解放(liberty)之中。

一、马克思与《两种自由概念》

在英文中,有两个单词可以用来表述自由:一个是 freedom,一个是 liberty。从日常释义上说，前者主要是指一种不受束缚的状态，因而含有自由自在之意；后者主要是指一种挣脱束缚的状态，因而含有解放之意。在 20 世纪自由主义的经典名篇《两种自由概念》中，伯林提出的"消极自由"和"积极自由"就和这两层词义大致对应。在《两种自由概念》中，"消极自由"是对"主体（一个人或人的群体）被允许或必须被允许不受别人干涉地做他有能力做的事，成为他愿意成为的人的那个领域是什么"的回答，类似于 liberty；而"积极自由"则是"什么东西或什么人，是决定某人做这个、成为这样而不是做那个、成为那样的那种控制或干涉的根源"的回答，类似于 freedom。[1] 在"消极自由"中，自由就是免受干预，就是摆脱束缚而保留个人空间，实质上强调的是个人权利。"积极自由"则是指主体发挥自由的某种能力，是可以自主和自控的某种状态，实质上强调的是实现自由的源泉和条件。对照戴维·米勒（David Miller）对西方自由主义传统的分类，[2] "积极自由"承袭的是古典共和主义的传统，主要涉及公共政治意义上的自治（autonomy），汉娜·阿伦特（Hannah Arendt）代表的新雅典主义是其当代表现形式；"消极自由"则与公共政治意义上的自由概念相对立，强调的是争取个体政治权利的传统，诺齐克和哈耶克是当代主要的代表人物。与前两种政治自由主义的传统不同，第三种自由主义传统是以康德为代表的唯心主义或理想主义，它推崇的是观念上的自由，是意志自由条件下的理性自律。

在伯林看来，马克思主义的自由观应隶属于"积极自由"范畴，本质在于主体的自主（self-mastery），也就是主体能够控制自己

---

[1] 〔英〕以赛亚·伯林：《两种自由概念》，载〔英〕以赛亚·伯林：《自由论》，胡传胜译，译林出版社 2003 年版，第 189 页。

[2] 转引自李强：《自由主义》，中国社会科学出版社 1998 年版，第 173—174 页。

的生活并成为自己的主宰。在伯林看来,自主的主体有两个自我(self),一个是"理想的""高尚的"自我,一个是"经验的""低级的"(与高尚相比较而言)自我。而在"积极自由"中,马克思主义只强调所谓"理想的""高尚的"自我,并认为那就是"真实的"自我,而"经验的""低级的"自我则不在马克思主义自由观的考察范围之内,因而是没有空间的。所以,在伯林眼中,马克思主义是从所谓"理想的""高尚的"自我出发去理解自由的,实际上强调的是用一种"超验的"自我去控制和规定主体。因此,马克思主义的自由概念是不会去关心那个"经验的""低级的"自我的。伯林借此批评说,当这种"超验的"自我一旦被赋予普遍化的抽象含义,那些高出个体的集体和社会就会借"真实"自我的名义实行所谓的"被迫自由"(be-forced-to-be-freedom),从而给极权主义和暴政大开方便之门。[①]

伯林对马克思主义自由观的解释是没有道理的。众所周知,马克思主义一贯反对用理想的、抽象的、超验的价值和原则去衡量和规定社会历史事实,它既不会从"理想的""高尚的"自我出发,也不会从"经验的""低级的"自我出发去理解人的自由。就伯林理解的马克思主义自由观而言,其一,从本质上说,以自我概念作为原点去推导或演绎自由的逻辑方式是个人主义的。在个人主义立场上,自我和高出自我的集体或社会是相互对立的,重自我才会有个人权利,重社会才会有公共政治,所以,在西方自由主义传统中,就会有权利主义与共和主义的对峙。但是,这两种政治自由主义的立场都不是马克思主义的,也不是马克思主义理解自由概念的逻辑套路。其二,就"积极自由"的核心概念

[①] 〔英〕以赛亚·伯林:《两种自由概念》,载〔英〕以赛亚·伯林:《自由论》,胡传胜译,译林出版社2003年版,第200—204页。

自我而言，它在马克思主义那里只能是一个现实的、整体的、历史的范畴。"理想的"或"高尚的"也好，"经验的"或"低级的"也好，一旦超出它们作为思维工具的使用规则，就会变得毫无意义。当然，这也不是一句"只要辩证统一地理解两者"就可以大而化之的问题。简单地说，真实的自我是实践的自我。在实践的自我中，既没有纯粹的经验自我，也没有纯粹的理想自我，有的只能是实践自我的经验性或理想性。更何况，自我这个概念也不是一个实体（ousia）概念，它本身也是被构成、被规定的对象，所以，它就既不会是自由的逻辑起点，也不会是自由的逻辑终点。

严格地说，尽管伯林在马克思主义与自由的关系上发表过看法，但还谈不上是专门研究马克思自由观的学者。然而，伯林的自由概念却深深地影响着后继者。总的来看，只有极少数学者认为马克思的自由观既包含"积极自由"，也包含"消极自由"，大多数学者都是在"积极自由"的含义上理解马克思的自由概念，然而，就何谓"积极自由"却言人人殊。下面所要考察的就是其中的重要一种，它来自于卡门卡的自我决定（self-determination）概念。

二、马克思的自主自由观

1962 年，卡门卡出版了《马克思主义的伦理基础》。英国著名的马克思主义史家麦克莱伦曾夸赞此书："和 30 年后出现的大量马克思主义伦理学著作相比，仍有价值。"[①]书中，卡门卡以马克思的

[①] David McLellan, "Then and Now: Marx and Marxism," *Political Studies*, vol.47, no.5, 1999, pp. 955-966.

早期手稿为主要的文本依据,通过分析马克思与黑格尔之间的思想继承关系,梳理了马克思自由思想的发展轨迹,并认为,马克思的自由观是一种自我决定式的自由观。

在卡门卡看来,年轻的马克思继承了斯宾诺沙和黑格尔的传统,把自由看作是一种自我决定。所以,"自由就是被自己的本质属性所决定,而不自由就是决定于无"。与此同时,自由与"和谐"和"失序"、"合作"和"冲突"紧密相连,从而,被自我的存在规则决定和掌控的自我决定活动就必然会是"和谐"的,而"依赖性"就是冲突的必然结果,并会导致进一步的冲突。[①]

据此,卡门卡先是说这种自由观会面临"不可避免"的困境,接着又勾画出了马克思解决困境的整个"抽象过程"。卡门卡说,年轻的马克思意识到,把自由理解为自我决定存在着不可避免的困难。因为自我决定可能会既没有历史,也没有环境。为什么说自我决定会没有历史呢?卡门卡说,青年马克思和黑格尔一样,把历史的目的和最终结果、把历史发展的起源与"常在的"(ever-present)原因都看作是"理性的"(rational)。由于马克思又说"理性总是不以理性的形式出现",所以,在马克思那里,就有这样一个问题:如果相信主体可以同时拥有理性和理性的形式,且断言理性始终会自我变化并保持同一,那么历史发展就会毫无意义。同样地,如果人性是所有历史发展的决定性原因,且任何历史事件对人性的作用都与其本质无关,那么历史为什么还会发展?于是,卡门卡认为,面对这一矛盾,马克思"不得不"把这种人性与"经验性的人类利益""欲望""能力"区分开,直到两者不再作为同一个人或同一种发展的一部分。那么,自我决定的无环境又是什么意思

---

① Eugene Kamenka, *The Ethical Foundation of Marxism*, Routledge & Kegan Paul, 1962, p.97.

呢？卡门卡说，从斯宾诺莎的立场出发，马克思的自我决定概念是一个单一的、无所不包（all-embracing）的实体。这样一来，无所不包的单一实体是没有环境的。但卡门卡转而又说，马克思并没有把所有的社会制度都归结于人，也没有通过消解主客观对立的方式去删除这些差异；相反，马克思承认了这些差异，并认为人可以"占有"并决定人性而不是被人性决定。所以，马克思的自我决定概念清晰地展示了它"反经验论的""反决定论的"特征。因而他的人类学、他的还原论，不可避免地是这种自我决定式的、形而上学式的假想的产物。从而，以自我决定的名义，马克思把一切都还原成了人（man）。[①]

最后，卡门卡总结道："为了自我决定，马克思不得不摧毁人与非人的区分；为了自我决定，他也不得不摧毁某人和他人的区别。如果人是真正的自我决定，他就不能是被人性决定，也不能是被他人决定。"因而，"马克思需要一种人类共同体，在这种人类共同体中，某人与他人之间的冲突和差异已经消失"，从而"这就是马克思所坚信的、在真实的人类社会中每个人都代表其他人、每种活动也都是我之活动的重大意义"。所以，"正如我们所见，马克思是把它（自我决定——笔者）建立在一种类似于具有真实的、质的普遍性的人性形上学观念基础之上的"[②]。

由此，卡门卡通过把"自由"界定为自我决定，把自我决定刻画为"不可避免地"经历"理性"与"普遍性"的发展过程，最终以"真实的""普遍的""同一质的"抽象的"人"重新"翻修"了马克思的自由观。他承袭的是西方唯心主义自由观的

[①] Eugene Kamenka, *The Ethical Foundation of Marxism*, Routledge & Kegan Paul, 1962, p.98.

[②] Eugene Kamenka, *The Ethical Foundation of Marxism*, Routledge & Kegan Paul, 1962, pp.98-99.

传统。

不难看出,卡门卡理解马克思自由观的逻辑思路是典型的人道主义马克思主义的套路。从文本依据上说,他看重的是马克思的早期手稿,尤其是《1844年经济学哲学手稿》;从理论逻辑上说,他是以马克思早期的自由思想为根基去构造马克思的自由观。但是,且不说卡门卡所构造的自由观是否符合马克思的原意,有一个认识论上的误区却是首先需要澄清的:青年马克思的思想中的确是富含伦理成分的,而成熟时期的马克思也的确很少谈论道德,所以从人物思想发展的继承性方面考虑,是不是马克思的后期工作都建立在早期的某些逻辑起点和价值原点上呢?很显然,人道主义的马克思主义者都会作出肯定的回答,而卡门卡走的也是这条路。他首先预设了自我决定的价值原点,再把马克思后期著作中涉及"经验性的人类利益""欲望""能力""共同体"的部分看作是自我决定的自我发展环节,看作是自我决定内部矛盾分化和矛盾斗争的结果,所以,自我决定就只能是实体或物自体,它的基础就只能是人性的形上学观念。但这样一来,自我决定也就成了黑格尔式的"绝对精神","经验性的人类利益""欲望""能力""共同体"就成了自我决定的外化,而马克思的自由观也就"脱胎换骨"为黑格尔式的马克思主义自由观了。结果是,被马克思颠倒过来的黑格尔,如今又把马克思颠倒过来了。

尽管卡门卡并没有明确说自我决定就是"积极自由",不过,结合伯林的界定,是不难得出"积极自由"包含着自我决定的结论的。历史地看,自我决定概念是承前启后的。相对于"积极自由",自我决定更为深入、更有所指,后来,大多数学者都把"积极自由"说成是马克思的自由观,而在大多数情况下,也都用自我决定指称"积极自由"。

1979 年，布伦克特出版了《马克思的自由伦理学》。这是 20 世纪 70—80 年代英语世界中研究马克思自由思想最为集中的一部专著。布伦克特不仅在书中着重阐述了马克思的自由观，而且还构造出了一种以自由价值为核心的马克思主义伦理学。在这个伦理学体系中，自由就是自我决定式的"积极自由"，就是自我的对象化活动。

布伦克特认为，马克思的自由价值既不以权利和义务为原则，也不以自我实现为原则。因为，以权利和义务为原则的自由是资产阶级的自由，是一种"消极自由"。同时，马克思的自由价值也不是自我实现的自由，即主体有道德责任决定自己的生活法则，而实现自我也就是完成相应的道德义务；相反，马克思的自由概念是一种社会的、集体的、积极的自由，是人在应然生活中必须拥有的基本美德（virtue）。那么，马克思的自由价值具体有什么涵义呢？布伦克特说，它在于使人这样生活：在共同体内的人际关系中，人从实质上决定了构成自我对象化的欲望、能力、才干的"具体的整体"。它不可分割地包含三个方面：（1）自我决定要求通过人的欲望、能力和才干进行自我对象化；（2）一个人的自我对象化必须是与他人和自然相关联的具体的自我对象化；（3）只有在与他人和谐的、共同的关系中，自我决定才是可能的。

在方面（1），人从实质上决定了构成自我对象化的欲望、能力、才干的"具体的整体"。在这个限度内，人是自由的，自由就是人在对象化活动中的自我决定。自我对象化的重要性在于，人在各种欲望、能力、才干的条件下，在所处的生产力和生产关系中，在自己构造出来理解自己的思想体系内，使自己对象化或创造自身。所以，当一个人实质上控制了自我对象化的形式时，自我决定也就出现了。

方面（2）主要说的是自我决定与自我对象化的关系。一个人，只有当他与自己的、他人的、（相关的）自然的具体个性发生相互关系的时候，才是自由的。人与客体的联系方式依赖于客体的具体特征。如果某人以特定的方式对象化自己，他也就具体地发展了自己的性质和特征。

方面（3）指的是，人与他人、自然之间的对象化活动是以共同体为基础的。在真正的共同体中，人是社会性的、共同的存在。人把他人当作自身性质的一部分，人与人之间是和谐的而非对抗的，人使自己成为自由的存在。因此，所谓的利益对抗，在马克思那里就主要是指私有财产与劳动分工的对立，而这正是社会革命的对象。①

布伦克特最终下结论道，这种自由观"是马克思衡量人的发展阶段和社会发展进程的标准。一个社会发展的高低，履践道德生活之多寡，就是社会成员对这种自由的实现程度"②。所以，正是为了人类的解放与人的自由，马克思才会提出这样的自由观念。

布伦克特对马克思自由观的理解具有如下的合理性：其一，他并没有把自由首要地看作是抽象的观念，而是理解成现实的对象化活动，这样，马克思自由观中的"实践"含义就凸现出来了。仅此而言，和那些建立在抽象价值基础上的自由观相比，把自我决定看作是对象化活动的自由观要更为深刻，也更贴近马克思自由观的原意。其二，把现实的对象化活动与社会关系结合起来加以考察，布伦克特就可以打通人的内部世界和外部世界，从而就可以较好地处理人的自由全面发展和社会发展之间的关系。其三，把共同体关系当作对象化活动的基础也是贴近马克思自由观原意的。由此出发，

---

① G. G. Brenkert, *Marx's Ethics of Freedom*, Routledge & Kegan Paul, 1979, p.130.
② G. G. Brenkert, *Marx's Ethics of Freedom*, Routledge & Kegan Paul, 1979, p.130.

布伦克特就可以充分说明对象化活动和各种社会建制之间的互动关系，就可以合理地解释对象化活动的社会基础和社会条件。

然而，遗憾的是，布伦克特把这种自由观看作是一种本体论和存在方式，并认为它是"马克思衡量人的发展阶段和社会发展进程的标准"，这就和马克思主义渐行渐远了。因为在布伦克特那里，对象化活动最终被绝对化了，自我决定作为人的存在方式最终被本体论化了，所以，自由就蜕变成了一种抽象的价值实体，而对象化活动就只会是抽象自由人的对象化。布伦克特之所以会得出这一结论，是因为他的逻辑基点有问题。他以为，自我决定的基础是"人从实质上决定了构成自我对象化的欲望、能力、才干的'具体的整体'"，而这个"具体的整体"实际上决定了自我决定的性质和内容。从而，布伦克特说的对象化活动，就是"具体的整体"的物化活动，就是欲望、能力、才干的外化活动。这样一来，对象化活动就突出地表现为人由内向外的"单边"外化，而由外向内的对象化活动则被抹去了。因此，那个生生不竭、源源不断地向外对象化的自我，也就成了逻辑基点和价值原点。所以，尽管布伦克特所重建的马克思的自由理论是富有新意的，但最终也只能得出自由是"衡量人的发展阶段和社会发展进程的标准"这种超历史的观点。

把自我决定同时理解为"积极自由"和"消极自由"的学者极为少见，佩弗便是代表人物。在《马克思主义，道德与社会正义》一书中，佩弗专门讨论了"马克思的自由概念和自由理论：一种重建"，并构造出了一种以自我决定为本质，以"积极自由"和"消极自由"为框架的马克思的自由理论。佩弗对马克思自由理论的重建主要依循三项原则：

（1）自由的本质是自我决定的机会，从最终的分析来看，它建立在自治（autonomy）的道德价值基础上。（2）自我决定既包括"消极自由"，例如免受他人（既包括个人，也包括集体、组织、国家等）的不当干预，也包括"积极自由"，例如能够决定自己生活的机会，并且这种机会是每个人大约都能获得的。（3）决定自己生活的机会包括：A.有权平等地参与所有能够影响某人生活的社会决策过程；B.有权平等地获得自我实现的手段。①

规定了三条重建原则后，佩弗开始一一论说。

通过文本分析，他认为，无论是在马克思的早期著作中，还是在晚期著作中，一个人的自由就是指自我决定。某人是自我决定的，他就一定是可以控制自己生活的，所以，自由也就是自治，就是做自己生活的主人。"可以控制自己的生活"意味着：某人不会受到未经自己许可的任何干预；某人可以对自己的生活方向施加重要影响或对必要的生活环境起到重要作用。

接着，在阐述自我决定如何既是"积极自由"，又是"消极自由"的过程中，佩弗援引了不少马克思的话。但总的来看，佩弗所说的马克思的"消极自由"概念是不能成立的，而所谓的马克思的"积极自由"概念也少有新意。

马克思的"消极自由"概念少有人说，佩弗提了出来，倒是很有创意。不过，虽然他引了些马克思的话，但十之八九是在牵强附会。他引的第一条论据仅仅是"马克思在偶然场合不经意提到的"，即马克思在《哥达纲领批判》中的一句话："每一个人都应当有可能满足自己的宗教需要，就像满足自己的肉体需要一样，不受警察干涉。"至于理由，佩弗只字未提。这句话是马克思从自由主义者

---

① R. G. Peffer, *Marxism, Morality and Social Justice*, Princeton University Press, 1990, p.123.

那里引来的"旧口号"。紧随其后的是:"但是工人党本来应当乘此机会说出自己的看法:资产阶级的'信仰自由'不过是容忍各种各样的宗教信仰自由而已,工人党则力求把信仰从宗教的妖术中解放出来。但是他们不愿越过'资产阶级'的水平。"①是为反例。他引的第二条论据是《资本论》第1卷第4章"劳动力的买与卖"中末尾的一段话:"劳动力的买和卖是在流通领域或商品交换领域的界限以内进行的……那里占统治地位的只是自由、平等、所有权和边沁。自由!因为商品例如劳动力的买者和卖者,只取决于自己的自由意志。"②熟悉这段话的人或许都知道,马克思在这里所提及的自由和平等,全都是反讽式的,从中能看出马克思的"消极自由"观吗?

佩弗接着又说:"在这个意义上('消极自由'的意义上——笔者),马克思既不是一个集体主义者(collectivist),也不是一个极权主义者(totalitarian)。他把个人看作是一种真实的社会存在,并以此建立他的规范性理念。该理念是与他极度尊重的'个体性'(individuality)结合在一起的。"③最后,佩弗又在结尾补充道,他说的这种"自由权利"在共产主义社会是不存在的,因为共产主义社会是不会有权利概念和正义概念的。很明显,佩弗实质上是在用权利主义的自由主义传统填充所谓的马克思的"消极自由"。

佩弗提出的马克思的"积极自由"有两个方面:一是有权平等地参与能影响某人生活的所有社会决策制定过程(政治的、教育的、经济的等等)。在内容上,主要说的是共和主义的政治自由主

---

① 《马克思恩格斯选集》第3卷,人民出版社1995年版,第317页。
② 《马克思恩格斯全集》第44卷,人民出版社2001年版,第204—205页。
③ R. G. Peffer, *Marxism, Morality and Social Justice*, Princeton University Press, 1990, p.128.

义立场,即民主参与社会政治活动从而保障个体自由的实现。二是平等地获得自我实现的"手段"。这些"手段"包括罗尔斯提及的所有社会首要善,即权利(不包括"消极自由"中的个体权利)、自由、权力(power)、机会、收入和福利、闲暇以及自我尊重的社会基础,而且,"手段"还隐含着有限资源的分配问题。[①]很明显,这实际上是休谟和罗尔斯所说的"正义环境"中作为客观环境的中等匮乏,而他所谓的马克思的"积极自由"也只不过是共和主义自由主义传统的写照。

以上就是佩弗重建的马克思的自由理论。从实质上说,它是权利主义和共和主义相调和的产物。尽管文中引了13处马克思的原文,但也同时引了10处伯林的原文。两相比较,对伯林的引述倒是成体系、有逻辑,而对马克思的引述则多是断章取义和牵强附会。很明显,佩弗实际上是在用伯林的自由概念去解释和重构马克思的自由理论,所以,把这样一种自由理论强加给马克思是没有道理的。有趣的是,佩弗似乎也意识到了这一点,因为他在文中曾多次强调,这或许不是马克思的自由概念,但的确可以从马克思那里得到这些说法。

三、道德自由与生产实践

不可否认,上述学者重建的马克思自由理论有其合理成分。但马克思主义自由理论不可能是从自我概念出发,也不会把"积极自由"和"消极自由"当作理论立场和逻辑框架。理解马克思主义的

[①] R. G. Peffer, *Marxism, Morality and Social Justice*, Princeton University Press, 1990, pp. 131-134.

自由观,需要把握必然、对象化活动、生产实践、共同体这四个概念及其相互关系。

恩格斯曾在《反杜林论》中说:"自由不在于幻想中摆脱自然规律而独立,而在于认识这些规律,从而能够有计划地使自然规律为一定的目的服务……意志自由只是借助于对事物的认识来作出决定的能力。因此,人对一定问题的判断越是自由,这个判断的内容所具有的必然性就越大……因此,自由就在于根据对自然界的必然性的认识来支配我们自己和外部自然;因此它必然是历史发展的产物。"①恩格斯的这段话可以从两个方面去理解:一是从认识论上说,自由只不过是必然在意志中的观念表现形式,从而意志的自由就是它所能认识到的客观规律的必然性限度;一是从活动论上说,自由还是"有计划地使自然规律为一定的目的服务",从而,自由是对必然的实践,是在认识必然基础上的对象化活动。所以,就自由而言,对必然的认识和对必然的实践同样重要,两者相辅相成、不可分割。对象化活动是对必然性认识的检验,是对意志必然的确认;必然性认识则是对象化活动的前提,它通过对象化活动确认自己的本质并塑造着对象性存在。简言之,有所认识却无法实现,或是有欠认识的低级实现,它们都是半自由状态。

在这里,对象化活动是一个枢纽。它的一端联系着人的意识活动,另一端联系着人的外部世界。所以,意识活动的自由程度和外部世界的自由条件都会同时反映在对象化活动上,并通过对象化活动表现出来。正是在这个意义上,我们可以说,任何事物都是对象化活动的产物,都是某种对象性存在,从而都是某种关系存在物。换句话说,因其事物都是对象性存在,所以事物都在关系中;因其事物都在相互关系中,任何事物都是对象性存在。这是马克思在

---

① 《马克思恩格斯选集》第 3 卷,人民出版社 1995 年版,第 455—456 页。

《1844年经济学哲学手稿》中就已经阐发过的观点。它和《关于费尔巴哈的提纲》中把人的本质规定为社会关系总和的观点一脉相承。不过，在《手稿》中，马克思的确持有一种人道主义的人的本质概念，对象化活动在很大程度上还是人的本质概念的外化或物化活动。往后，马克思逐渐开始以"人的外部条件"（社会关系）去规定人的本质，并最终把这种外部条件的本质和基础锁定在了生产关系上。从而，对必然的认识最终就是对生产力和生产关系之间矛盾运动规律的把握，对必然的实践最终也就突出地表现为生产实践中的对象化活动。一方面，生产实践对象化着人的存在方式，从而生产和再生产着人本身；另一方面，被对象化了的人再通过生产实践对象化着社会和共同体，从而对象化着自身存在的社会条件和进一步发展的社会前提。因此，从这个意义上说，人的自由就在于最终通过生产实践被对象化的程度以及人在生产实践中所能实现的对象化程度。

相应地，不是任何对象化活动都以共同体为基础，但生产实践中的对象化活动则必须依赖于共同体。因为生产实践就是"有计划地使自然规律为一定目的服务"的社会活动，所以，生产实践就必定是有计划的、有组织的、有目的的，就只能是以现实共同体为基础和条件进行的。因此，人的自由就在于共同体是否真实，是否是集体利益的真实体现；在于人是否能在共同体中最大限度地实现生产实践中的对象化活动；在于共同体条件下的生产实践是否能最大限度地对象化人，最大限度地对象化出人的各种能力和智慧。因其对象化活动是具体的，生产实践和共同体都是社会的、历史的和现实的，所以，人的自由就是人在生产实践中具体地、社会地、历史地、现实地实现对象化活动的程度，也就是人所能达到的改造世界的程度。

要强调的是，无论是从对必然的认识和实践中获得的自我意识或观念，还是主体施动或受动的对象化活动概念，一旦它们脱离了作为反映现实事物的观念形式，被赋予了抽象的本体论含义和形而上学基础，它们就不再是马克思所说的那种理论思维所必要的"抽象力"了，而是演变成了一种和现实事物相对立的、具有独立外观的抽象的实体。无疑，这样的自由观是非马克思主义的。

第五章
价值类型与黑格尔的伦理学

除了正义和自由这两种最主要的价值外,英美学者们还从马克思的思想中分析出了人类共同体、人的尊严、人的解放、自主、自我实现这些价值。接下来,笔者将把上述价值分成两类进行阐述:一类是共同体价值或曰伦理价值,有正义与人类共同体两种,其中,正义是核心并包含人类共同体价值;一类是个体价值或曰道德价值,有自由、人的尊严、人的解放、自主、自我实现五种,其中,自由是核心并包含人的尊严、人的解放、自主和自我实现四个方面。通过这种分类阐述的方式,我们可以了解这些价值间复杂的逻辑关联,以及由这些价值构造的马克思主义伦理学的理论本质。

需要说明的是,笔者之所以把这些价值分为伦理价值和道德价值两种,是要借助黑格尔的伦理学资源批判分析的马克思主义对马克思主义价值论的重建工作。在笔者看来,分析的马克思主义虽然贡献良多,却存在很大的缺陷:绝大多数分析的马克思主义者严重低估了马克思思想中的黑格尔遗产,完全是在拒斥黑格尔的基础上重建马克思。实际上,不联系黑格尔的精神哲学,特别是他的《精神现象学》和《法哲学原理》,就无法真正理解马克思想而未做的伦理学。一些非分析的、兼分析的马克思主义者也认识到了这个问题。他们针对一些非此即彼的分析结论提出了中肯的批评，着重强调了马克思与黑格尔在伦理学上的思想承继关系，特别是通过辩证法的形式表现出来的这种关系。虽然这些批评和强调不乏真知灼见，却并未阐明马克思与黑格尔之间更为深刻的伦理学关联。

一、伦理价值与道德价值

伦理价值以正义为代表，是分析的马克思主义者讨论最多的价值。①在他们看来，马克思的正义概念主要是指分配正义。从最宽泛的意义上说，它是对一定社会收益与社会负担进行安排的分配，②主要涉及工作与闲暇的分配、收入的分配、社会福利的分配、机会的分配，乃至从根本上起决定作用的生产资料的分配。③这些分配又可以被归结为权利的分配与福利的分配。由于福利的分配往往是权利分配的结果，而权利分配的依据又是某种平等原则，所以分配正义的核心议题就是：依据何种平等原则对何种权利进行分配。首先，在资本主义社会，生产资料的私人所有权就是一种不平等的分配，因为私有财产就是一种"盗窃"，侵犯了"自然权

---

① 有关马克思正义思想的研究述评详见 Norman Geras, "The Controversy about Marx and Justice," *New Left Review*, 150, 1985; "Bringing Marx to Justice: An Addendum and Rejoinder," *New Left Review*, 195, 1992; 以及张霄：《马克思与正义——评当代英美马克思主义伦理学研究中的一场争论》，载《道德与文明》，2010年第3期。

② Norman Geras, "Bringing Marx to Justice: An Addendum and Rejoinder," *New Left Review*, 195, 1992.

③ D. van de Veer, "Marx's View of Justice," *Philosophy and Phenomenological Research*, vol. 33, no. 3, 1973.

利"①。从而，资本主义社会"所有"即"所得"的分配方式应当被"贡献"即"所得"的按劳分配方式取代。②然而，只有当社会完全超出资产阶级法权的狭隘眼界，才能做到"各尽所能、按需分配"。所以，平等不是一种以等量劳动获得等值回报的权利，而是每个人作为"种存在"平等地通过自己的方式自我实现的权利。③或者还可以说是对天赋的或生来的不利条件这些非选择社会背景强加的不平等进行纠正的社会主义机会平等。④人类共同体这个价值在马克思主义的语境中意味着：无论是作为共同体价值的正义，还是作为个体价值的自由，只有在共同体中并通过共同体才能获得存在的意义和实现方式。所以，价值必定是一定共同体的价值，抽象地、孤立地谈论价值问题毫无意义。

区别于超个体的共同体价值，个体价值关注的是独立的人格与自我，它的主旨与核心是自由。人的尊严是自由的起点，作为一种人之为人的内在的道德权利，它是绝对的、无条件的善。马克思经常谴责资本主义社会对工人阶级的"非人"剥削，激烈地批判以物代人或物高于人的扭曲的社会现象。所以，马克思显然是在把人本身当作目的，当作拥有尊严的人类。⑤然而，人的尊严毕竟是一种抽象权利。它赋予人的自由必定也只是抽象的自由。人要成为一个自由的人，就必须通过自由的活动追求自由从而实现自由。这个过

---

① G. A Cohen, "Freedom, Justice and Capitalism," *New Left Review*, no. 126, 1981.

② Z. I. Husami, "Marx on Distributive Justice," *Philosophy and Public Affairs*, vol. 8, no. 1, 1978.

③ J. Elster, *Make Sense of Marx*, Cambridge University Press, chapter 4, 1985.

④ 〔英〕G. A. 科恩：《为什么不要社会主义》，段忠桥译，人民出版社 2011 年版，第 26—27 页。

⑤ George Brenkert, "Marx and Utilitarianism," *Canadian Journey of Philosophy*, vol. 5, no. 3, 1975.

程可以有三种实现方式：其一，如果自由意味着挣脱束缚而达到目的，那么马克思的伦理学关注的就是在历史发展过程中通过不断消除异化而实现共产主义的解放的道德。①其二，如果从伯林界定的"消极自由"和"积极自由"理解自由，那么马克思的伦理学关注的就是在免受干预的情况下进行自我决定、自我控制、自我主宰的自主的道德。②其三，如果联系亚里士多德的思想把自由理解为人的内在能力从自在到自为的自我实现，那么马克思的伦理学关注的就是人的本质力量的展开以及自由全面的发展。③不难看出，这三种方式是内在相关的：最佳的自我实现过程显然意味着尽可能地少受干预并能最大限度地自主掌控。而自主不仅是自我实现的前提，自主能力本身也可以是一种自我发展的实现。进一步说，如果把异化理解为"消极自由"的对立面，把消除异化理解为"积极自由"，把共产主义目的理解为自我实现或自我发展，那么第一种方式自然就会出现。

熟悉马克思思想的人或许不难发现，上述价值确实可以在马克思的文献中找到文本根据。在一些学者看来，马克思的道德理论基本上是功利主义的，因为他把幸福、快乐、需要、利益、偏好这些非道德善的最大化当作最终的评价依据。而另一些学者认为马克思推崇的是自由、自主、自我实现这些非道德善的最大化，所以，马克思的伦理学基本上是一种至善论。而无论是功利主义还是至善论，它们都是某种形式的效果论。反对者却认为，马克思虽然强调

---

① Steven Lukes, *Marxism and Morality*, Oxford University Press, 1987, p. 141.

② Eugene Kamenka. *The Ethical Foundation of Marxism*. Routledge & Kegan Paul, 1962, pp. 97-99; G. G. Brenkert, *Marx's Ethics of Freedom*, Routledge & Kegan Paul, 1979; R. G. Peffer, *Marxism, Morality and Social Justice*, Princeton University Press, 1990, pp. 123-137.

③ Alan G. Nasser, "Marx's Ethical Anthropology," *Philosophy and Phenomenological Research*, vol. 35, no. 4, 1975; Hilliard Aronovitch, "Marxian Morality," *Canadian Journal of Philosophy*, vol. 10, no. 3, 1980.

非道德善的最大化，但更强调对这些善进行彻底的平等主义分配，更强调这种正义分配原则的正当性是绝对的、无条件的。所以，马克思的伦理学不应当是效果论的，而是某种混合道义论的。但正如来自效果论的批评，道义论式的马克思的伦理学从根本上无法解释如何才能把普遍的、绝对的正义原则与马克思对绝对正义的批判协调起来。而正如来自道义论的批评，效果论式的马克思的伦理学也无法从根本上解决目的与手段之间的矛盾。从这个意义上讲，对马克思主义价值论的理解在很大程度上决定了马克思主义道德理论的内在结构。

不难看出，通过分析的马克思主义的重建，"正当与善"——"平等与自由"这个当代西方伦理学的中心问题，也成了马克思伦理学的核心问题。对此，有不少学者提出了异议。他们认为马克思的伦理学是一种新型的伦理学，不能被简单地归结为西方伦理学。研究马克思的伦理学应当自觉运用辩证法，特别要重视黑格尔在这个问题上对马克思的影响。塞耶斯就是其中一位代表人物。

在塞耶斯看来，从促进人类的丰富性和满足人的利益需要的角度来说（也就是最大化非道德善的问题），马克思认为，人不仅通过物质生产实践来满足自己的需要，同时也在物质生产实践过程中丰富和发展自己。也就是说，人是通过改变环境而改变自身的。资本主义社会的异化不仅扭曲了人，还使人的自我实现变成了一种自我摧残。所以，异化概念就是一种批判力量，共产主义的实现就是不断扬弃异化的过程。另一方面，从根据普遍正义原则批判资本主义这个角度来说（普遍原则的正当性问题），马克思认为，正义既不是自然权利，也不是超历史法则，而是源于资本主义社会内部的社会主义正义原则，是超越资本主义分配方式的按劳分配原则和更高级的按需分配原则。这些原则是内在的、历史的，相对于一定的现实社会。从历史方法的角度来说，马克思对这些问题的认识显然是受黑格尔的影响。①从根本上说，塞耶斯把马克思的伦理学建立在马克思的历史理论和社会理论的基础上，坚持历史唯物主义和实践辩证法，无疑是正确的。但正如大多数用历史唯物主义基本原理解释道德现象的学者一样，塞耶斯看重的是道德的发生、发展、变化的一般规律，注重的是作为过程的历史辩证法。在这个语境中，尽管道德的现实基础被正确地揭示出来，尽管伦理学有了科学的历史社会学基础，但这些基础性的东西并没有很好地深入道德系统的内部，而只是作为基础客观地、宏观地存在着。更为重要的是，停留在这个层面上的伦理学只能是一种认识论或解释学，它在很大程度上会弱化伦理学影响社会生活、发挥实践功能的现实力量。如果按照黑格尔的说法，只有越接近具体才能越接近真理，那么，马克思的伦理学就必须在历史唯物主义和辩证法的基础上开发实用的、实践的中层理论，从而能够把宏观的规律性的东西和微观具体结合起来。从这个意义上说，分析的马克思主义得出的许多道德观点之所以是站不住脚的，主要是因为它的局限，因为它没有一个正确的道德社会学的解释基础。但只是从根本上正确的马克思的伦理学同样也存在局限，因为它缺乏具体。所以，比较而言，在马克思的伦理学问题上，虽然分析的马克思主义存在种种由局限造成的缺陷，但还是有值得肯定的贡献。

在马克思主义研究史上，由于科学主义传统拒绝谈论或回避价值问题，研究马克思伦理学的成果多在人道主义的传统内。一般说来，批判的或人道主义的传统坚持用一种关于"人的哲学"解释马

---

① 〔英〕肖恩·塞耶斯：《马克思主义与道德》，贺来、刘富胜译，载《哲学研究》，2007 年第 9 期。

克思的思想和马克思主义理论，从而在本质上是一种哲学的本体论和认识论，往往与马克思的历史理论和社会理论格格不入。而且，直到 20 世纪 60 年代，这种人道主义哲学还极为粗糙，对马克思伦理学的贡献也极为有限。相比之下，尽管分析的马克思主义对马克思伦理学的重建有不少偏执的地方，但确实是在研究真正的伦理学问题。从研究状况来看，不仅涉及的问题比较深入、全面、具体，而且内容丰富、逻辑缜密、自成一体，的确做到了"陈述清晰"和"论证严谨"的分析要求，这在西方马克思主义伦理学研究史上是绝无仅有的。所以，笔者才把这一阶段的研究界定为"西方学界系统探索马克思主义道德理论的第一次尝试"。

尽管分析的马克思主义拒斥整体主义（holism）和辩证法的态度值得商榷。但方法论的个人主义涉及的具体的分析技术在一定限度内是有其合理性的。正是借助这些分析工具，分析的马克思主义较为成功地挖掘出了几乎所有的道德价值要素（尽管在理解上有偏差），较为适当地归结出了许多重要的道德问题与伦理学问题。不仅如此，分析的马克思主义对正义价值和自由价值的重建极大地丰富和发展了马克思的正义观和自由观，提供了不少值得借鉴的评价标准，从一定意义上突破了马克思主义伦理学"解释力强、规范性弱"的不利局面。这一点极为重要。正如卢克斯所言，如果马克思的伦理学"不能对我们必须生活在其中的世界里的正义、权利和手段——目的问题提供足够的解释，因此也就不能对不正义、侵权和采取不允许的手段等做出充分的回应"[①]。因此，这些规范性标准无疑对社会生活具有重要的现实价值和实践意义。

但是，由于分析的马克思主义排斥辩证法并无视黑格尔在伦理学上对马克思的影响，它的缺陷也是显而易见的。其实，一些分析

---

① Steven Lukes, *Marxism and Morality*, Oxford University Press, 1987, p. 141.

的马克思主义者并不是没有意识到这个问题。他们经常在自己的作品中反复提问：分析的马克思主义是不是马克思主义？这样的道德价值是不是马克思的？对于这些问题，科恩的回答具有代表性：分析的方法与马克思主义的观点相比，分析的马克思主义更信奉前者。"抵制分析的推理，无论是通过辩证法对分析的方法的一般性抵制，还是特别地以反对个体主义的整体主义抵制分析的方法，都是无理性的蒙昧主义。"[1]然而，分析的马克思主义对辩证法的抵制过于草率，这主要是因为他们把辩证法理解得过于简单。在马克思与黑格尔那里，辩证法实际上不只是一种认识事物的方法，而从根本上说是现实事物本身的活动规律。人们可以从事物"运动的联系"（马克思语）中发现和引申出各种辩证法的形式和特性，既可以从总体上把握事物，也可以具体地掌握事物，从而达到对事物理解的"具体的总体"水平。[2]运用辩证法的关键在于抓住现实的矛盾及其运动关系，具体到伦理学上，就是共同体价值与个体价值之间的矛盾关系，或者用黑格尔的概念来说，就是伦理与道德之间的矛盾关系。从某种程度上讲，黑格尔在伦理学上对马克思的影响，关键就是伦理与道德之间的辩证法。它是马克思从黑格尔伦理学那里继承下来的"合理内核"，也是重建马克思伦理学的"合理内核"。只不过，这个辩证法在黑格尔那里表现为概念的辩证法，而在马克思这里体现为现实的辩证法。所

---

[1] G. A. Cohen, *Karl Marx's Theory of History: a Defense*, Introduction to the 2000 edition, Princeton University Press, 2000, p. 24.

[2] 拉法格曾在《回忆录》中说马克思是在"接连不断的运动中考察高度复杂的世界"，正如维柯说"事物只对上帝来说是一个主体，因为他知道一切；对人来说，它只是表象，因为他只知道表象"。马克思正是用这种"上帝思维"来理解事物的。转引自〔美〕伯特尔·奥尔曼：《辩证法的舞蹈——马克思方法论的步骤》，田世锭、何霜梅译，高等教育出版社2006年版，第二章注释7，第37页。

以，理解和重建马克思的伦理学是无法绕开黑格尔及其辩证法的。正如列宁在阅读黑格尔《逻辑学》时所说："不钻研和不理解黑格尔的全部逻辑学，就不能完全理解马克思的《资本论》，特别是它的第1章。"[①]那么或许也可以说，不钻研和不理解黑格尔的全部精神哲学，特别是他的《精神现象学》和《法哲学原理》，就不能完全理解马克思的伦理学。

二、马克思的价值论与黑格尔的遗产

在许多西方学者看来，马克思主义理论中存在所谓的"人学空场"，认为马克思主义只讲决定论和"铁的必然性规律"，不讲伦理学与"活的自由意志"。其实，这是对马克思主义和马克思主义伦理学的极大误解。通过深入阅读马克思，就不难发现，无论是青年时代还是成熟时期，他都表现出对人的问题的极大关注。他的政治经济学不是研究财富增长的秘籍宝典（例如政治经济学的古典形式），而是对现实的人的生存方式的清醒认识；他的阶级理论不是探讨如何钩心斗角的权术攻略，而是处在社会底层的劳苦大众有望摆脱困境的人生指南；他的科学社会主义不是童话世界里的梦幻王国，而是孕育着人类真实希望和未来的当下现在。马克思的伦理学并没有超出这一切，而是如影随形。

当马克思在青年时代初步研习政治经济学的时候，就强烈地感觉到理论与现实的巨大反差。在《1844年经济学哲学手稿》中，他对只研究财富增长而不关心工人死活的国民经济学冷嘲热讽。借助

---

① 〔苏〕列宁：《哲学笔记》，载《列宁全集》第55卷，人民出版社1990年版，第151页。

黑格尔的异化概念和辩证法，马克思在费尔巴哈人本学的基础上对国民经济学进行了深刻的批判，提出了自己的人道主义哲学。在马克思看来，造成工人贫困的罪魁祸首是异化劳动。要想改变这种现状，就要变异化劳动为自主劳动。因为人是具有自由自主能力的类存在，而自由的自主活动就是人本身。所以，只有在自主劳动中，人才能重新占有自己的本质，成为真正的人。这个扬弃经济异化的过程就是实践的人道主义，就是共产主义。①显然，这里说的是人通过劳动自我创造的自由以及人的解放和自主的自由。实际上，马克思一直都认为，只有在挣脱束缚和枷锁的过程中，只有在自己能够主宰自己生活的世界里，人才是自由的，而这个过程是实现自由的必经之路。不仅如此，马克思还谈过人的自我实现。在《1857—1858年经济学手稿》中，马克思提到自由劳动时说，斯密所理解的劳动"是从外面提供的，是由必须达到的目的和为达到这个目的而必须由劳动来克服的那些障碍所提供的。但是克服这种障碍本身，就是自由的实现，而且进一步说，外在目的失掉了单纯外在自然必然性的外观，被看作个人自己提出的目的，因而被看作自我实现，主体的对象化，也就是实在的自由——而这种自由见之于活动恰恰就是劳动"②。不难看出，这里不仅提到了作为人的解放和自主的自由，还提到了作为对象化的自我实现的自由。尤其值得注意的是，马克思总是把自由和活劳动联系在一起，而且总是把活劳动理解为对象化活动，这意味着：（1）实在自由、真正的自由是实践自由，是自由劳动。它不仅关系到人的社会生存，也涉及人的创造性活动，所以又是现实的自由。（2）对象化活动客观必然地产生对象

---

① 参见张霄：《〈1844年经济学哲学手稿〉中的人道主义问题》，载《教学与研究》，2013年第5期。

② 《马克思恩格斯文集》第8卷，人民出版社2009年版，第174页。

性关系，所以自由的实现总是客观必然地联系着他人，总是不可避免地会与共同体发生关系。从这个意义上说，对象性活动实际上是道德与伦理发生关系的实体与载体。①

把自由看作是人的本性，把人看作是自己劳动的结果，从而把人的自我产生的活动看作是实现自由的过程，看作是克服障碍挣脱束缚（扬弃异化）的过程，这些都是马克思所熟知的黑格尔的观点。但与黑格尔不同：（1）马克思理解的人是实践（劳动）的人，是时时刻刻处在现实对象性活动中的人。所以，自由是人固有的东西，只是因为自由是对象性活动固有的东西，人只有在实践中才能获得真正的、实在的自由。由于黑格尔把人理解为某种精神性的东西，所以他把自由看作是人固有的东西。只是因为自由是意志固有的东西，人只有在意志中才能获得真实的自由。②（2）由于对人的理解不同，人的自我产生过程或者说实现自由的过程也就完全不同。对马克思来说，人的自我产生过程是在物质实践，主要是生产实践过程中实现的，参与物质实践的意识因为物质实践得到提升继而满足新一轮实践的需要。所以自由的实现是对现实异化的不断扬弃，最终会带给人综合能力的发展。但在黑格尔那里，人的自我产生过程是在精神性活动中实现的，参与精神活动的物质活动只不过是精神活动的外在化，因为精神活动才具有现实性。所以，自由的实现是对意识异化的不断扬弃，最终会带给人精神能力的发展。（3）从这个意义上说，虽然他们都认为自由的实现客观必然地会联系到他人或共同体，但在马克思这里，这种客观必然性建立在对象性活动的基础上，而在黑格尔那里，自我意识才是实体和载体。显

---

① 参见张霄：《马克思自由理论的解释与重构——评当代英美学界的几种马克思主义自由观》，载《江汉论坛》，2010年第4期。

② 〔德〕黑格尔：《法哲学原理》，范扬、张企泰译，商务印书馆1961年版，第11—12页。

然，马克思吸取了黑格尔辩证法的精巧形式，但内容、实体和本质却完全不同。

上面提到的第3点即（3）尤为重要。因为它是连接道德与伦理的载体与枢纽。在黑格尔看来："伦理性的规定构成自由的概念，所以这些伦理性的规定就是个人的实体性或普遍本质，个人只是作为一种偶性的东西同它发生关系。个人存在与否，对客观伦理来说是无所谓的，唯有客观伦理才是永恒的，并且是调整个人生活的力量。因此，人类把伦理看作是永恒的正义……"①也就是说，只有在伦理实体中，自由（道德）才能得到规定，作为自我意识的个人才能"在伦理性的存在中具有它的绝对基础和起推动作用的目的"②。而伦理性的存在就是家庭、市民社会和国家这些伦理共同体。其实，用伦理来规定道德，既是黑格尔与康德的区别，也是黑格尔对康德的批判。黑格尔承认康德伦理学的积极意义（自由即自律——这是自主概念的由来），但同时认为，由于个人良心成了判断善恶的最终根据，就很有可能出现"道德上是善伦理上是恶"的情况。所以，道德意志必须上升为伦理意志。那么，这是否意味着道德会完全消融在伦理当中？个体是否会成为完全服从条约习俗的、丧失了自我的无我呢？其实不然，黑格尔理解的伦理是"自由的理念"，"它是活的善，这活的善在自我意识中具有它的知识和意志，通过自我意识的行动而达到它的现实性"③。这意味着，只有符合自由理念的伦理才是"主观的善和客观的、自在自为地存在的

---

① 〔德〕黑格尔：《法哲学原理》，范扬、张企泰译，商务印书馆1961年版，第165页。
② 〔德〕黑格尔：《法哲学原理》，范扬、张企泰译，商务印书馆1961年版，第164页。
③ 〔德〕黑格尔：《法哲学原理》，范扬、张企泰译，商务印书馆1961年版，第164页。

善的统一"①。只有在这样的伦理中,个体才是自由的、共同体才是和谐的,两者才是统一的。但是,这样的伦理又是通过"作为无限形式的主观性"才成为具体的实体的。因此,不仅高级的伦理意味着高度的自由(道德),而且伦理的递升是通过道德的提升完成的。

在黑格尔看来,自我意识(人)最初生活在"自我意识的直向运动"(伦理世界)中,智慧与德行,就是在生活中合乎自己民族的伦常礼俗。但是,理性必须从伦理世界中走出来,因为民族的伦常礼俗作为普遍的精神自己就是一个个别精神(从共同体人格的角度理解)。而这个个别精神作为特定的伦理实体,只有在更高级的环节里,也就是在它自己的本质意识里才能破除限制、获得真理性。这时,伦理实体下降为无主词的死的宾词,而这个死的宾词的活的主词,就是"尚待通过自身以充实其普遍性并必须由其自身来完成其使命的那些个体"。最终,这些个体带着比伦常礼俗更高的意识形态——道德——摆脱了伦理实体而独立出现。这时,自我意识(人)就进入了"自我意识的反向运动"的道德世界。②比较而言,上一段说的是意志从道德到伦理,这一段说的是理性从伦理到道德。在前者,意志获得实践知识,在后者理性获得理智知识。而这两者之间的区别无非就是精神的"理论态度和实践态度的区别",只不过理性(思维)使事物达到普遍化和一般,而意志是把自己转变成定在的那种思维。两者是一而二、二而一的关系。③这就是黑格尔精神哲学体系中伦理与道德交替变动的复杂关系及其过程。

---

① 〔德〕黑格尔:《法哲学原理》,范扬、张企泰译,商务印书馆1961年版,第162页。
② 〔德〕黑格尔:《精神现象学》上卷,贺麟、王玖兴译,商务印书馆1979年版,第232—239页。
③ 〔德〕黑格尔:《法哲学原理》,范扬、张企泰译,商务印书馆1961年版,第12—13页。

个人在本质上受伦理性的规定；个人只有在共同体中才能获得存在的基础和起推动作用的目的；个体自由与客观伦理的统一；为了普遍而通过自身完成其使命的那些个体……不难发现，这些观点显然和马克思的观点有形似之处。但毫无疑问，马克思必定不会抽象地谈论这些观点，也不会抽象地在精神世界里谈论道德与伦理，他必定会在现实世界中谈论它们的真实活动关系：在资本主义社会，把资本家和工人联系在一起的是客观必然的社会经济活动。资本家占有生产资料，工人占有劳动力，他们在经济关系中互为对象、彼此需要、不可分割，构成了职能不同的各种经济共同体。根据"所有"即"所得"这个既有的资产阶级正义（伦理）原则，工人获得工资，资本家获得利润。起初，他们可能在这个经济伦理世界中相安无事（可能性条件：处境过得去或没有更好地改善处境的机会）。但资本主义社会周期性的经济危机必然会使越来越多的工人的处境绝对地或相对地变差，除非工人无动于衷或是认命（可能性条件：处境不至于差到极大地影响生活的地步），不然工人必定会在要求改变既定分配格局的同时反思这个格局（可能性条件：从各种途径获取相关的知识或具有一定的知识背景）。这时，工人和资本家处于对立状态，既定的分配关系成了一种束缚和羁绊从而不再能够维系原先的经济共同体，同时也使得支撑这个共同体的伦理世界摇摇欲坠。工人在要求获得更多的福利和机会（扩大自主权利的要求）的同时必定认为既有的分配方式（原则）是不公平的。他们或者只是要求在不变动既有分配原则性质的前提下调整"所得"比例，或者要求彻底的变革。

这时，在和现实活动紧密联系的精神世界里，"所有"即"所得"的正义伦理随着工人与资本家之间现实矛盾的升级开始分化为客观伦理和主观道德两种对立的意识。客观伦理不再是"活的善",而是死的枷锁,是维护资本家利益的保守力量;相反,主观道德变成了"活的善",是激励着工人不断扩大自主自由的进步力量。更为重要的是,这种主观道德中还潜在地包含着另一种可以构成未来秩序的自在伦理:由于扩大自主自由的要求现在已经成为必然的趋势,由于这个要求源于对更多福利和机会占有,所以这个要求本身设定了一个可能性区间,它的下限在不断地接近上限,而它的上限就是占有全部的福利和机会(最大化的自主自由)。显然,当这种自主自由达到最大化的时候,工人实际上也就在某个时间点上占有了整个生产(可能性条件:不排除占有之后再次回到过去的可能,但在自主自由力量的驱使下,还会再次占有,出现反复),从而带来一种新型的生产资料所有制——公有制(可能性条件:具备相应的生产力水平和经济管理水平)以及与之相适应的"贡献"即"所得"的更为正义的分配伦理。这时,自主自由已经实现(达到了最大化),主观道德再次融入客观伦理,个体与共同体达到和谐统一。当然,这个过程必定需要"作为无限形式的主观性"的反抗与斗争,也必定会遭遇"作为无限形式的客观性"的剥削与压迫,但无论是改良还是革命,趋势就在那里,由境不由心。此外,上面提到的"可能性条件"和"或许"这些字眼只是为了说明:这个过程不是决定论的,它给选择自由留下了空间。可见,马克思的伦理学是现实的伦理学。现实的矛盾关系是伦理道德之间矛盾关系的实体和载体,而不是相反。所以,在马克思的伦理学中,"应当"绝不只是观念的东西,它主要指的是另一种现实。

理论重建：马克思主义与伦理学

第六章
目的论的马克思主义

随着研究的不断深入和拓展，英美学者们开始在马克思主义价值论的基础上构造马克思主义的道德理论，多把马克思主义伦理学归结为某种形式的功利主义、混合道义论和美德伦理学。一般说来，当代西方的规范伦理学主要有效果论、非效果论和美德伦理学三大形式。效果论主要指功利主义和伦理利己主义。非效果论主要指道义论、直觉主义和神诫论。美德伦理学则自成一派。历史地看，效果论与非效果论的划分是 20 世纪末的事，在此之前，目的论、道义论、德性论一直是流行的划分方法。按常理说，笔者应该根据最新的划分方法安排材料。但实际情况是，在归结马克思的道德理论时，有的学者习惯于效果论与非效果论的划分，而有的学者习惯于目的论与义务论的划分。这样一来，笔者就必须选择合适的划分方法组织安排材料。笔者以为，对于马克思主义伦理学这个主题来说，目的论与道义论的划分方法更贴切些。因为马克思的思想在某个维度上更多地靠近"目的"意义。也正是在这个意义上，笔者把美德伦理学作为非功利主义的目的论形式划入了目的论。因为从至善论的角度来说，美德伦理学显然更靠"目的"而非"效果"。下面先从目的论的功利主义说起。

一、功利主义的马克思主义

在功利主义看来,行为的道德价值取决于这个行为对既定的非道德善而言给所有相关者带来的最大效用。首先,功利主义必须提供一套价值(善)理论。这个价值是非道德善,是行为应当追求的、具有内在价值的最终目的。根据这个非道德善的不同,功利主义可以分为快乐论的功利主义(快乐是最终目的)、幸福论的功利主义(幸福是最终目的)、理想主义的功利主义(快乐、知识、美和友谊是并列的最终目的)、偏好功利主义(欲望和"需要的满足"即偏好是最终目的)、福利功利主义(与好生活相关的普遍福利都是最终目的)等等。正是在这个意义上,功利主义属于目的论。其次,功利主义必须把最大效用原则(the principle of maximum utility)放在首位。这里有两层含义:(1)行为的道德价值在于实现非道德善的实际效果(可以有短期效果和长期效果);(2)这个效果必须被最大化。含义(1)标识了功利主义的效果论性质即效用原则;含义(2)意味着功利主义必须提供一套计算效用的策略和方法,用函数表示即 max(u),max=maximum,u=utility。最后,功利主义提及的最大效用必须是所有行为相关者的总效用。所有行为相关者就是"最大多数人的最大幸福"中的"最大多数人"。由此,功利主义区别于同属效果论的伦理利己主义:行为的道德价值在于给行为者本人带来的最大效用。

艾伦是英语世界中最激进的功利主义的马克思主义者。他在《马克思与恩格斯的功利主义》一文中认为,马克思与恩格斯,尽管他们并不使用"功利主义"一词,然而他们的所持有的立场却是功利主义者的,马克思主义的哲学问题只有功利主义才能解决。艾伦通过马克思、恩格斯对自由贸易和殖民主义的言论论证了他们的功利主义立场。在艾伦看来，马克思、恩格斯推崇自由贸易，因为"自由贸易系统是毁灭性的。它……把无产阶级与资产阶级的对立推到了顶点。总之，自由贸易系统加速了社会革命"。在殖民主义问题上，马克思、恩格斯赞同英国在印度的殖民主义是因为"在亚洲国家，人类能够在不具备某种基本的革命条件中实现它的命运么？如果不能，那么，无论如何，英国在印度所犯下的罪行作为一种无意识的历史工具便催生了革命"。正是在这个意义上，艾伦以阶级利益为出发点，立足于无产阶级利益与最大多数人利益的一致性，认为在马克思、恩格斯眼中，无产阶级长期利益的实现比短期利益的实现更为重要。换句话说，他们是将无产阶级的长期整体利益作为目的，以无产阶级利益是否实现作为衡量历史进步与社会发展的最终标准。因此，正如他的文章标题所示，艾伦认为，马克思、恩格斯是地地道道的功利主义者。①

艾伦把马克思、恩格斯解读为典型的功利主义者，自然也会遇到功利主义的典型问题。这个问题就是所谓的"脏手问题"：在功利主义方式中，目的善可以证明手段善的正当性，所以，为达目的可以不择手段。这一点，通过艾伦对马克思、恩格斯在殖民主义问题上的解读就可以看出来。但是，这种推理明显有违常识道德。设想一位女士被施暴后意外妊娠，由于她原本就想要一个孩子，所以我们就可以说因为施暴者行为达到了预期的效果，这个行为在道德上就是正当的？从这个意义上讲，马克思、恩格斯显然不会认同英国殖民者在印度犯下的罪行。他们只是在从历史的角度，从事后的、已经发生的历史事实对社会变革进行描述性解释。这丝毫不能说明他们会赞同：只要是发生的事实，就必然会是合理的。因此，

---

① D. P. H. Allen, "The Utilitarianism of Marx and Engels," *American Philosophical Quarterly*, vol.10, no.3, 1973.

仅仅从事情发生的实际效果中判断行为的道德正当性是不完善的。此其一。其二，马克思、恩格斯显然会推崇无产阶级的集体利益。但不应忘记，他们也反复强调，无产阶级只有通过解放全人类才能解放自己。换句话说，无产阶级的最终目的是要打破它和资产阶级之间的剥削和奴役关系，打破建立在私有制基础上的雇佣劳动制。只有这种剥削和奴役关系消失了，无产阶级才能真正获得解放。换句话说，无产阶级与资产阶级一同来到这个世界，也会一同离开这个世界。从这个意义上讲，艾伦把无产阶级利益实现的最大化当作最终目的，就会把目光聚集在切身利益的范围之内，容易窄化无产阶级革命的历史视野，弱化无产阶级革命的历史责任。

波兰著名哲学家、社会主义人道主义理论家亚当·沙夫（Adam Schaff）也是从功利主义的方式解读马克思主义的。在《人的哲学》一书中，沙夫写道，清醒地认识生活的意义具有重要的价值，而生活的意义就是找到生活的目的。在这个问题上，马克思主义理论的立场可以被称作是"'社会幸福论'（social hedonism）——人类生活的目的是确保最广大人民群众的最大幸福。只有在这个目的的指引下，个人幸福才能实现。只要充分考虑实现这个目的的社会条件，马克思主义者就可以公开承认社会主义人道主义是自己的最高原则。而社会主义人道主义其实就是一种'社会幸福论'"[1]。在沙夫看来，由于每个人对幸福的主观感受各不相同，所以，如果按照"积极的方法"（positive approach）界定幸福的心境，难免陷入主观主义。但是，如果采取"消极的方法"（negative approach）找到那些使人不幸福的当前的社会条件并加以克服，个人幸福就会成为一个具有社会现实意义的客观事件。更为重要的是，从消极的意义上理解这个问题，可以把幸福的实现和变革社会关系、开展阶级

---

[1] Adam Schaff, *A Philosophy of Man*, Lawrence & Wishart, 1963, p. 60.

斗争、涤清意识形态结合起来。这样一来，社会幸福论就和马克思主义融为一体了。所以沙夫说："科学社会主义在本质上是人道主义，而它的人道主义本质就是它的个体幸福概念。马克思主义中的每一个理论——它的哲学、政治经济学和政治理论——都从属于这个概念。"①

沙夫理解的社会幸福论的马克思主义是一种消极功利主义。它关心的是如何变革造成不幸的社会条件，至于每个人的幸福究竟是什么，那是个人的主观事件，没必要也不可能说得清楚。但问题是，究竟是哪些社会条件造成了个人的不幸？对个人的不幸又作何解释？很明显，第二个问题的答案是回答第一个问题的前提。对此，沙夫说："当某人在某个生活阶段上被剥夺了他需要的东西时，没有人会是幸福的，而且有些东西是所有人都需要的……因此，我们就能在一般的疑惑中抓住某些稳固的、确定的东西，就能轻易地抓住使问题变得清晰的东西，就可以成为社会行动的主体。"②然而，如果把不幸理解为对需要的剥夺，为什么就不能反过来把幸福理解为满足需要呢？换句话说，无论沙夫把造成不幸的根源理解得多么现实、客观（作为客观现实的社会条件），他还是脱离不了对人的某种主观心境的前提假设（尽管沙夫自己或许并不这么认为）。而这种带有强烈目的论色彩的前提假设，在马克思主义理论中是不存在的。

还有学者从偏好功利主义的角度理解马克思的伦理学。在《马克思与正义》一书中，布坎南把需要和欲望的满足看作是马克思规范评价的最终标准。在他看来，人类历史在根本上是满足各种需要的活动。马克思唯一的评价标准就是这种活动在一定程度上是否成

---

① Adam Schaff, *A Philosophy of Man*, Lawrence & Wishart, 1963, p. 132.

② Adam Schaff, *A Philosophy of Man*, Lawrence & Wishart, 1963, p. 130.

功。在这个意义上，"资本主义被谴责不是因为它的非正义和不道德，也不是因为它不符合人性，而是因为它失败于所有人类社会的建构性工作：失败于满足各种需要。然而，共产主义，它的优越不是因为它更好地符合正义的原则或其他道德理想，也不是因为它实现了人性，而仅仅是因为它能更好地满足各种需要。总的来说，历史的进步通过同样简单的满足标准来衡量……正是在这个意义上，成功地满足基本和非基本的各种需要，满足各种需要和欲望，构成了马克思最终的评价尺度"[1]。显而易见，既然需要和欲望作为非道德善具有规范性价值，那么，布坎南就必须对需要和欲望这两个概念作出合理的规范性解释。为此，他说道："马克思所强调的共产主义需要和资本主义需要之间在质上的区分，可以被理解为需要在扭曲的（distorted）与非扭曲的（undistorted）之间质上的区分。马克思把共产主义社会描述为是这样一种社会形式，即人际关系不再是扭曲的，而是透明的（transparent）和完全理智（intelligible）的。在共产主义社会，社会生活的表象与潜在的真实之间的鸿沟不再存在。利用这种区分，我们就可以说，在马克思看来，共产主义的优先性不是简单地指所有产生的欲望都完全得到满足……而是，共产主义，只有共产主义能够使某些欲望的最全面的满足成为可能。这些欲望的满足可以被理解为，在此种历史状态（共产主义社会——笔者）中的人将拥有或将发展的是他们的意识。因此，他们的欲望不再被扭曲，不再像他们在阶级社会中占有这些欲望时所处的状态。"[2]

马克思的确不会否认有"需要的满足"这个目的，自然也会考

---

[1] Allen E. Buchanan, *Marx and Justice: the Radical Critique of Liberalism*, Methuen, 1982, pp. 28-29.

[2] Allen E. Buchanan, *Marx and Justice: the Radical Critique of Liberalism*, Methuen, 1982, p. 30.

虑满足需要的效果。但从马克思的立场来看,"需要的满足"既不会是所谓的最终目的或至善,也不会是衡量人类社会历史发展的唯一的、最终的尺度。因为马克思显然认为,比"需要的满足"更为基本的是"生产满足这些需要的资料,即生产物质生活本身"。这意味着,作为人们共同活动方式的物质生产生活不仅决定着满足需要的整个过程即满足需要本身,也在很大程度上构造着人的需要。换句话说,尽管满足需要的活动是人的需要和满足需要的活动能力(生产方式水平)共同作用的结果,但后者才是决定性的、根本的东西,前者的具体内容及其实现方式只不过是后者发挥出来的自然结果。所以,在马克思看来,生产方式水平的高低才是区分不同社会形态文明高下的最终标准。而衡量生产方式水平高低的尺度则是作为自主(self-control)和自我实现(self-realization)的自由。因此,如果仅仅从满足需要的角度出发看待问题,势必就会把"对需要的研究"当作起点。显然,由于不是所有的需要都具有满足的正当性,所以对正当需要的判定就必不可少。布坎南正是沿着这个思路才进一步区分了"扭曲的需要"和"非扭曲的需要",并认为资本主义社会的需要是被扭曲了的需要,只有共产主义社会的需要才是没有被扭曲的需要。然而,如何才能明确地区分出"扭曲的需要"和"非扭曲的需要"?如何才能确立这种区分标准的价值地位及其正当性?显而易见,只研究"需要的满足"的功利主义方式是无法回答这些问题的。

二、非功利主义目的论的马克思主义

绝大多数把马克思的伦理学解释为非功利主义目的论形式的学者一般都把马克思与亚里士多德联系起来。在他们看来，马克思的伦理学具有古希腊维度，这与他在撰写博士论文期间受古典学的浸染不无关系。在这些学者看来，古希腊思想家中，亚里士多德对马克思的影响最大，马克思与亚里士多德有着本质上相同的伦理学方法。从这个意义上讲，马克思的伦理学应该是美德伦理学，或者换个说法，是亚里士多德式的马克思主义伦理学。

作为规范伦理学的一种，美德伦理学以德性为本位，区别于以行为为本位的效果论和义务论。在美德伦理学看来，只从行为的角度理解人的道德，会把道德片面化和外在化。道德行为应当基于人的品质，即内在的、完满的、持稳的、符合中道的品质。这样的品质既使人的状态好，又使人的活动完成得好。这样的品质就是人的德性。亚里士多德认为，凡事都应向善，而人的（最高）善就是幸福，就是灵魂符合完满德性的实现活动。所以，人要获得幸福，就必须在一生中不断地追寻美德、拥有美德、实现美德。那些外在善虽然是幸福的必要条件，但与德性相比，只能是低级的和次要的。从某种意义上讲，美德伦理学的现代复兴，很大程度上是效果论和道义论治世不济的自然结果。与后两者不同，美德伦理学抵制普适主义的行为原则，推崇那些地方性共同体（社群）文化中特有的、共享的内在品质，并认为，只有借助这样一种特殊的道德生长方式和功能作用，才能走出现代性的道德困境，挽救每况愈下的社会道德。

当代著名伦理学家麦金太尔是最早用亚里士多德的伦理学解释

马克思主义的学者。麦金太尔早年曾是英国共产党党员，参与过英国新左派的"社会主义人道主义争论"。在这场由汤普森挑起的、旨在批判斯大林模式社会主义的争论中，麦金太尔发表了有名的《来自道德荒原的笔记》一文，从理论上支援了汤普森的社会主义人道主义概念，首次开发了用亚里士多德的伦理学解释马克思主义理论的新路数。麦金太尔问道，虽然的确是"人们创造自己的历史"，但人们"应当"如何创造自己的历史呢？显而易见，这牵涉"人们应当如何行动"，这是具有伦理相关性的问题。历史地看，自律性道德在这方面给出的指导并不成功，因为它彻底割裂了欲望和道德的关系，把道德变成了与人的意愿无关的、只在逻辑上可接受的纯粹义务。这样一来，人与道德就完全分离了。但实际上，道德是不能脱离人的内在欲望独立存在的。我们既要那种规范欲望的道德，更要那种表达欲望的道德。在麦金太尔看来，这种道德概念可以追溯到古希腊，特别是在亚里士多德那里，道德生活与追求人们想要的东西之间总有关联。[1]通过对马克思早期文本的解读，麦金太尔试图表明，这种原本就属于马克思主义的道德概念一经发掘，"人们应当如何行动"的问题应该就能迎刃而解。

从理论方式上看，用亚里士多德的伦理学重建马克思的伦理学，势必会把本质主义和道德目的论带给马克思。在亚里士多德的伦理学中，秉持着一种对人性的本质主义理解。人性中有人之为人固有的东西，这个东西既是人性之事实，同时也自然而然地带有人性发展的目的善。所以，从这个意义上讲，现代伦理学提出的"自

---

[1] Alasdair MacIntyre, "Notes from the Moral Wilderness," *Alasdair MacIntyre's Engagement with Marxism, selected writings 1953-1974*, edited and introduced by Paul Blackledge Neil Davidson, Koninklijke Brill NV, 2008.

然主义谬误"在古希腊伦理学那里是不存在的,因为"是"与"应当"同时包含在人之为人固有的东西中。在麦金太尔看来,这个固有的东西是人的欲念,而另一些学者认为,它还是某些有待自我实现的人类潜能。

在《价值问题与马克思主义的社会理论》一文中,萨默维尔认为,马克思与亚里士多德都相信:价值来源于内构的(built-in)需要、欲望以及人的发展潜能。所以,"如果伦理学必定是一种关于人如何获得幸福的理论。那么,对幸福是什么以及如何获得幸福的理解就取决于人是何种存在,人是如何形成的,取决于他的需要、欲望和能力,所有这些都是可以从经验上确定的。有两点需要强调的是:人既是理性的动物,也是政治的动物。因而,幸福的获得就首要地依赖于两点:一是人的全面发展及其理智的运用;二是建立一种社会,它的制度能够有意识地与获得最大化的人类幸福相契合"[①]。只要摈弃亚里士多德的贵族政治,加上一种解释大尺度社会历史变迁的因果动力学,亚里士多德与马克思就完全一致了。换个表达方式来看:马克思=亚里士多德-贵族制+历史科学。与麦金太尔相似,萨默维尔也认为道德价值来源于人性的经验事实(人的需要、欲望以及发展潜能)。由于这些经验事实与生俱来,不可还原,所以,它们既是人性之自然,也是道德价值的客观基础。一旦理性在这个基础上确立了人的全面发展的真实内容,社会建制就应当实现这些内容。而实现了这些内容同时也就全面地发展了人。从《尼各马可伦理学》与《政治学》的内在关联来看,萨默维尔强调的两点的确是亚里士多德的思路。但如果说这也是马克思的思路,显然有些牵强。按照这样的理解,马克思在成熟时期的社会理论是

[①] John Somerville, "The Value Problem and Marxist Social Theory," *Journal of Value Inquiry*, vol.2, 1978, p. 54.

以早期的人道主义哲学为基础的,以一种对完满人性的理解为中心的历史筹划学。可是,这种理论方式明显有悖于马克思从社会关系的角度理解人性的人类学主旨,有悖于建立在历史唯物主义基础上的政治理论及其阶级斗争学说,此其一。其二,尽管可以把人性之事实与道德之价值的统一理解为原生的实体,但两者之间的内在关联应当如何解释呢?针对这个问题,纳塞尔阐发了"功能论证"(ergon argument)的解释方式。

在《马克思的伦理人类学》一文中,纳塞尔认为:"无论是在马克思的早期著作中,还是在成熟时期的著作中,都可以找到一种规范性的哲学人类学,而这种人类学的部分功能就在于,它为马克思谴责资本主义的生产方式提供了一个基础。马克思对资本主义的批判牢固地根植于本质主义传统,也就是认可从人性向道德的过渡。马克思运用的推理方法,就是'功能论证'的推理方法,这种方法可以在《尼各马可伦理学》中找到它的纯粹形式。这种推理方法体现了'伦理功能'的重要性,从而被亚里士多德与马克思用来表示称赞和谴责……马克思的社会批判理论中毫无疑问地有伦理成分,它建立在……某种人的概念之上,是衡量和批判人的当前存在的标准。"在纳塞尔看来,"人类善的一般观念,如'好的生活'(well-being)或'幸福',只有当人的本质功能首先被确定的时候,才有特殊的含义。亚里士多德认为,要确定人的本质功能,就要规定只有人类才能做到的活动种类,就要考虑它所在的具有特定结构的组织。在人的完整的一生中,人的善存在于他的功能性行为之中,特别地存在于他对人类力量的训练之中。这种推理形式,也即'功能论证',预示着以下三种主张:(1)本质赋予人以人的资格发挥特殊的功能,(2)通过区分人的活动和其他物种的活动,这种功能得以确立,并且(3)这种活动对人来说是(道德)善"。所以,马克思有"一种历史的、修正过的、伦理的自我实现理论。自我实现就是对那些被规定为人的功能性力量进行'自由地'和'创造性地'训练……并且,正是资本主义生产关系的存在才排除了这些力量实现的可能性,这就是马克思反对资本主义的伦理基础"①。

通过"功能论证",人的本质被理解为本质功能,而本质功能就是人自在的"本质力量"(马克思语)、人之为人所特有的功能性活动。当这些活动得到很好的施展,人的自我实现就在本质能力的不断提升中得到升华。但问题是,如果每个人只考虑追求自身的自我实现,如何处理每个人都试图最大化自己能力时相互发生冲突的情况?如果考虑到人人都应得到自我实现,那么在资源有限的情况下,势必需要借助某种分配秩序才能协调利益冲突。但这样一来,就和追求自我实现最大化理论产生了矛盾。同时,纳塞尔很难说明,如何才能确立何种潜能是需要自我实现的"本质力量"?这种能力的本质地位又是谁赋予的?当人们需要自我实现的"本质力量"之间发生冲突,应当如何协调并排序?对于亚里士多德来说,这些问题可以通过自然主义的方式得到解释。但自然主义的解释方式显然不会被马克思认可。这意味着,尽管马克思有自我实现的思想,但不会与亚里士多德完全一致。艾诺勒维奇就在《马克思的道德》一文中提到了这个问题。

在他看来,批判资本主义社会势必需要这样一个基础:一个有道德原则的无阶级社会是资本主义社会在道德上更高级的替代物。而马克思用他的人性概念提供了这个基础。马克思的人性概念是一种自我实现的道德。它是这样一种道德:提倡个人全面而自由的发展。据此,艾诺勒维奇认为:"马克思的哲学人类学,亦即他的人

---

① Alan G. Nasser, "Marx's Ethical Anthropology," *Philosophy and Phenomenological Research*, vol.35, no.4, 1975, pp. 485-500.

性概念，对他来说可以提供对不同社会系统、社会关系类型、个体的行为过程（涉及他们是否或在多大程度上能够自由地、有意识地塑造他们的世界及其自身）的评价。马克思的哲学人类学为他建立一种伦理学的系统提供了杠杆……他的理论基础是：人性的实现是善的标准。"尽管艾诺勒维奇也认同自我实现价值，强调人类能力的发展。但与纳塞尔不同的是，自我实现并不是最终目的，因为自我实现需要作为自主自由这一更高目的的指引。正因为如此，艾诺勒维奇说出了马克思与亚里士多德在自我实现观上的两点不同：其一，某些可以被人实现的能力并不一定是人必须发展的能力，他们必须发展那种能够追求其他能力发展的能力。那么，这是一种什么样的能力呢？艾诺勒维奇认为是"塑造我的环境和我自身的能力。除非我能实现这种能力，若不然我就不能实现其他任何的、进一步的能力。我是否准备发展我进一步的能力以及在多大程度上发展哪些能力都服从于环境与他人的变化"。其二，自我实现作为一种塑造自我的活动同时需要确证一种既定的自我（pre-given self）。这个既定的自我就是自我决定，是马克思人性概念的基础。[①]

　　艾诺勒维奇提出的第一点区分在一定程度上解决了自我实现理论的个人主义方式。从社会发展的角度来说，优先发展那些与环境和他人相适应的能力（价值排序），可以避免个体因不断追求自身卓越而带来的人与人之间自我实现的不平衡和冲突。这与马克思对人的本质的理解是一致的。第二点区分的用意是：在外向发展能力的同时，要给向内的自我留下地盘。所以，自我决定应当是自我实现的前提，是人最本质的能力。但是，艾诺勒维奇并没有从根本上解决自我实现理论的个人主义方式。他只不过是把在自我实现层面

---

① Hilliard Aronovitch, "Marxian Morality," *Canadian Journal of Philosophy*, vol. 10, no. 3, 1980, pp. 360-361.

可能出现的问题转移到了自我决定层面。换句话说，自我决定的最大化同样会带来个体间的利益冲突。更为重要的是，自我实现与自我决定之间也会发生冲突，从根本上讲，这是个体自由与共同利益之间的冲突，而艾诺勒维奇并没有从根本上解决这个问题。总而言之，建立在某种人性论基础上的德性论的马克思主义的确给马克思的伦理学提供了新颖的内容和方法，但从根本上讲，马克思的伦理学是不可能把这样的论理方式当作基础的。

同样是从亚里士多德那里探源，王尔德声称，古希腊哲学中的本质主义、目的论和正义这三个要素深刻影响了马克思对资本主义的分析和批判。在王尔德看来，"马克思关于人的本质的概念是其社会理论的伦理基础。马克思认为，使我们特别地成为人的是我们创造性地和社会地进行生产的能力，这一生产概念将思与行结合在一起。人类劳作的产品是我们特殊性的物质证明，是'一本打开了的关于人的本质力量的书'"。然而，与此同时，"历史始终在实现着人的本质，但总是以扭曲或歪曲的形式进行。资本主义是一个充满了不可避免的结构矛盾的全球系统，在其产生和进一步发展的过程中，马克思看到了生产者控制生产过程并使其存在与本质和谐一致的机会，从而宣告了人类社会'史前史'的终结。这一观点是本质主义和目的论的"。由是观之，王尔德把人的社会创造力，尤其是在生产活动中的创造能力看作是塑造并实现人的本质的内因。所以，作为一种目的，人的本质的实现就是现实的人通过生产劳动逐渐逼近人的应然本质的过程。所以，他说："像亚里士多德一样，马克思并未简单地运用事实性语言来定义人的本质，而是暗示它应该被完成。人的本质在共产主义社会中既定的完成，被马克思用史诗般的语言构想为持续而漫长的阶级斗争旅程的终点。"然而，问题是：（1）一旦它作为某种既定的抽象原则出现就会导向某种神秘主义，因为这种具有预言性质的、难于理解和把握的、带有循环论特征的抽象物，只有在终极意义上才能实现；（2）如果实现人的本质是历史的终极目的，也并不能推论出人的本质的实现为什么在道德上是值得欲求的，也就是说，这牵涉"自然主义谬误"。王尔德认为，在问题（1）上，"目的论论证并不意味着终极因代替动力因发挥动力因的作用。马克思的历史理论是目的论的，因为它把资本主义的兴起看作是不可改变的，而其终结亦被看作不可避免的。但他所设想的另一途径却要通过努力斗争来争取，受既定环境的限制，并不保证成功"。因而，"目的论的方式并非不需要最终目标，只是它坚持，要给那些最终目标注入严格的现实感"。换句话说，实现人的本质这一目的因不能代替人的社会创造力这一动力因。同时，在实现人的本质的过程中是否有"最终目标"，关键是看人的社会创造力如何能自由地发挥到实现人的本质的程度上。但这样一来，人的社会创造能力这一动力因难道不是在实际上扮演着实现人的本质这一目的因吗？对于问题（2），王尔德认为："对于马克思来说，价值深植于我们的本质之中。他承认从非道德前提中推出道德结论是不合理的，但如果真实世界的事实已经含有价值了，我们就可以从这些事实推出价值。"[1]这样一来，人的本质中就包含着我们应当欲求的道德应该，从而，我们就可以把自由、共同体、正义这些道德价值和实现人的本质这一目的联系起来。从这个意义上讲，人的本质就预先成了人的存在（事实）和各种价值的混合体，成了一种无所不包的价值实体。但是，尽管王尔德通过"价值深植于本质"的方式规避了"自然主义谬误"，却无力说明：在人的本质内，存在是如何包含价值的？价值为何内在于人的本质？所以，不难看

---

[1]〔英〕L.王尔德：《重新思考马克思与正义：希腊的维度》，王鹏译，载《世界哲学》，2005年第5期。

出,作为最终目的和价值实体的人的本质在马克思主义那里根本是多余的。它既不是需要实现的抽象理想和最终目标,也不可能是生发一切的价值实体。

三、简短的评论

对于功利主义来说,无论是偏好论的,还是幸福论的,它们都推崇那些人们在社会生活中意欲追求的具有内在价值的善。不仅如此,功利主义提出的善都是现实的、具体的、丰富的。从关注实际生活、强调利益实现的角度来说,功利主义的确符合马克思主义的基本精神。正如沃格尔所言:"经典的功利主义者,包括边沁和密尔在内,不是把道德争议的主题建立在诸如上帝意志、绝对命令或者仅仅是对社会态度的主观表达这些问题上,而是建立在一组实在价值的基础上。因此,我们就会明白,为什么会出现一种衡量真理的重要方法把马克思看作是一个道德效果论者。"[1]然而,功利主义在理解各种非道德善的时候,总是从个体固有的经验出发,依循的是方法论的个人主义,与马克思从社会关系的角度理解个体价值的思想方法并不一致。从这个意义上说,个体需要和个人幸福不是可以被预先设定的前提和出发点,而是现实的社会关系协调出来的产物和结果。社会关系的活动方式及其利益结构在很大程度上左右并填充着人的需要和幸福。所以,只有在人通过一定的方式实际上满足了需要或获得了幸福之后,才能确切地知道什么是需要和幸福。此其一。

---

[1] Jeffrey S. Vogel, "Is Marx a Moral Consequentialist?" *Canadian Journal of Philosophy*, vol. 24, no. 4, 1994, p. 563.

其二，尽管"最大多数人的最大幸福"道出了人类美好的初衷，然而，在现实的生活世界，这一原则往往会变形、走样、扭曲，甚至背离其初衷。以帕累托效率原则为例，尽管一种"帕累托改进"可以增加一定社会的总福利。然而，它却并未考虑福利的承担者及其社会分配问题，例如，假设存在一个帕累托佳态社会，即当且仅当一定社会中没有一个人的处境会变好也没有一个人的处境会变坏。现在，发生了一种"帕累托改进"，有一个人或有一部分人的处境在变好，社会总福利随之增加，则该社会处于帕累托优态。但是，如果在该社会中存在着不同地位的阶级人群，或者更宽泛地说存在着一定程度上的贫富差距，那么，如果"帕累托改进"是发生在统治阶级或富裕阶层中，则统治阶级或富裕阶层的福利增加所带来的社会总福利的绝对增加，就是被统治阶级或贫困阶层的福利必然会相对减损。于是，"最大多数人的最大幸福"在形式上和后果上的完满就是以一部分人（尤其是被统治阶级或贫困阶层）的处境不变或相对减损为代价的。更为关键的是，伴随着"马太效应"，"帕累托改进"往往总是发生在占据着一定社会地位、权力、资本的统治阶级或富裕阶层内部，从而造成富人越富、穷人越穷的两极分化。因此，无论如何，这不可能是马克思主义的立场。因为马克思主义一贯反对用笼统的、抽象的普遍性范畴（如"最大多数人""最大幸福"）抹去现实社会中客观存在的矛盾与对立；相反，马克思主义正是着眼于一定社会内部的阶级对立，正是从贫困的无产阶级的利益出发，从无产阶级作为历史进步的变革力量出发，从无产阶级利益的实现与全人类利益实现的一致性出发去看待一定社会中不同阶级或阶层之间的利益对抗、福利的分担及其各自不同的幸福观。所以，在问"幸福是什么"或"如何才能幸福"的时候，首先应当追问的是：究竟说的是谁的幸福？

其三，作为非功利主义目的论的美德伦理学，也和功利主义一样，个人主义是基础和出发点。在多数形式的德性论中，我们都不难发现人道主义的痕迹和作为实体的自我范畴。从理论立场上说，它们的出发点和基础都是个人主义的，非马克思主义的。麦金太尔曾在《伦理学简史》中说过："以阶级的经济和社会史代替黑格尔的绝对理念的自我发展，导致改变了黑格尔哲学的个人主义性质。对于黑格尔来说，种种个人主义的概念图式，既是成就，也是妨碍取得更多成就的障碍，是人类道德意识发展的各个阶段，它们依次揭示了自己特定的局限。对于马克思来说，它们也是如此，但只有联系资产阶级社会进行解释，才能理解它们。"[1]其实，在马克思主义那里，人类的道德现象和道德意识只有放在现实的共同体中加以理解才是真实有效的。从而，个体道德意识的基础、来源、条件，从本质上讲，都是带有共同体特质的。与个人主义的论理方式截然相反的是：马克思主义伦理学一般把道德现象归结为一定共同体内的社会伦理关系，再把社会伦理关系归结为生产关系，最终在生产关系与生产力的矛盾运动中理解道德现象，找寻个体道德意识的来源和基础。而个人主义的论理方式是：从个体道德意识（如自我范畴）出发推导个体间的社会伦理关系，再从个体间的社会伦理关系理解社会共同体。因此，在个人主义方式的伦理学理论中，自我概念和人性概念就是必不可少的，而且前者往往是逻辑起点，后者时常是逻辑终点。至于社会制度、社会关系、社会共同体这些所谓高出个体的概念，只不过是从自我发展至人的中

---

[1]〔美〕阿拉斯代尔·麦金太尔：《伦理学简史》，龚群译，商务印书馆2003年版，第279页。

间环节。正是从这个意义上讲,尽管以个人主义论理方式为基础的伦理学理论无疑会给马克思主义伦理学提供有益的补充,但它终究不是马克思主义的。

第七章
道义论的马克思主义

与目的论不同，在道义论看来，道德行为的正当性在于这个行为本身的道德价值，与这个行为所要达到的效果无关。在康德的道义论中，一旦某个原则上升到道德律的水平，人们就应当出于义务而非为了义务去行动。只有出于义务的行为才是真正的道德行为，为了义务而尽义务的行为是次道德行为。道义论一般强调行为者内在动机的道德性而不关心行为所带来的效果在道德上的善。所以，只要动机善良、行事原则是经过实践理性检验的道德原则，这个行为就是道德上善的行为，就是正当的道德行为。在一些英美学者看来，马克思的思想中有康德伦理学的痕迹，马克思的道德理论可以是一种道义论。但总的来看，几乎没有哪个学者从严格道义论的角度重建马克思的伦理学。他们基本上都认为，马克思的道义理论是一种混合道义论。

一、马克思、康德伦理学与道义论

虽然不能用严格的道义论，也就是康德伦理学来解释和建构马克思的伦理学，但这并不意味着康德伦理学对马克思没有影响。在一些英美学者看来，康德的人的尊严的思想在很大程度上支撑着马克思的人性概念。布伦克特在《马克思与功利主义》一文中就认为："共产主义是一个把人当作人、当作目的的社会。马克思伦理学的一个核心就是人的尊严、人是目的这一观念。"①的确，无论是青年时期还是成熟时期，马克思都一贯地对工人阶级深表同情。他谴责和批判资本主义的一个重要原因就是工人在资本主义条件下所遭受的非人待遇。尤其是在马克思的早期文本《1844年经济学哲学手稿》中，他不无愤怒地写道："实际上工人得到的是产品中最小的、万万不能缺少的部分，也就是说，只得到他不是作为人而是作为工人维持生存所必要的那一部分，只得到不是为繁衍人类而是为繁衍工人这个奴隶阶级所必要的那一部分。"②在马克思看来，在资本主义条件下，人被当作资本盈利的工具，从人的水平降到了物的水平。工人被自己创造出来的产物奴役，生活在一个普遍异化的世界里。这似乎表明，马克思的思想中有某种人性概念，起码在早期，这一人性概念是批判资本主义社会的一个道德标准，而理想的社会应当是向这个本真人性复归的社会。按照这个标准和理由，人应该有人之为人起码的生存条件和人格尊严。从这个意义上说，虽然人的尊严并不一定是构成马克思道德理论的基石，但马克思的思想中无疑是有这个成分的。不过，在笔者看来，康德对马克思影响最大的地方是在自由观念上。

康德是自主自由观的鼻祖，而马克思自由观的核心也是自主自由。他在《实践理性批判》第一部分第一章第八节的定理四中写道：

---

① George Brenkert, "Marx and Utilitarianism," *Canadian Journey of Philosophy*, vol. 5, no. 3, 1975, p. 428.

② 《马克思恩格斯文集》第1卷，人民出版社2009年版，第122页。

"意志的自律是一切道德法则和符合这些法则的义务的惟一原则;与此相反,任性的一切他律不仅根本不建立任何责任,而且毋宁说与责任的原则和意志的道德性相悖。因为道德性的惟一原则就在于对法则的一切质料(亦即一个被欲求的客体)有独立性,同时又通过一个准则必须能够有的纯然普遍立法形式来规定任性。但是,那种独立性是消极意义上的自由,而纯粹的理性且作为纯粹的而是实践的理性的这种自己立法却是积极意义上的自由。因此,道德法则所表述的,无非是纯粹实践理性的自律,亦即自由的自律。"[1]在康德看来,自由并不是任性,而是意志在实践理性的指导下能够自我规定,人只有在意志自律中才能获得自由。从思想史上看,自律自由观是康德对自由理念最为重要的贡献之一。康德以后的哲学家们继承并发展了这个观念,这个观念也影响着马克思、恩格斯的自由观。

在《1844年经济学哲学手稿》中,马克思在批判异化劳动的时候,就曾阐述过自主自由观。这种自主自由观的核心思想就是人可以(应当)控制和主宰自己的生活。正是由于异化劳动使人丧失了这个地位,所以才应当受到谴责和批判。自主自由,亦即把握和驾驭那些原来受其控制的必然性规律的思想,是马克思终其一生的自由观念。在《资本论》第3卷第48章中,马克思写道:"事实上,自由王国只是在由必需和外在目的规定要做的劳动终止的地方才开始;因而按照事物的本性来说,它存在于真正物质生产领域的彼岸。像野蛮人为了满足自己的需要,为了维持和再生产自己的生命,必须与自然进行斗争一样,文明人也必须这样做;而且在一切社会形态中,在一切可能的生产方式中,他都必须这样做。这个自

---

[1] 〔德〕康德:《实践理性批判》,李秋零译,中国人民大学出版社2007年版,第36页。

然必然性的王国会随着人的发展而扩大，因为需要会扩大；但是，满足这种需要的生产力同时也会扩大。这个领域内的自由只能是：社会化的人，联合起来的生产者，将合理地调节他们和自然之间的物质交换，把它置于他们的共同控制之下，而不让它作为盲目的力量来统治自己；靠消耗最小的力量，在最无愧于和最适合于他们的人类本性的条件下来进行这种物质变换。但是不管怎样，这个领域始终是一个必然王国。在这个必然王国的彼岸，作为目的本身的人类能力的发展，真正的自由王国，就开始了。但是，这个自由王国只有建立在必然王国的基础上，才能繁荣起来。"①在这里，马克思不仅提到了自主自由"合理地调节他们和自然之间的物质交换，把它置于他们共同的控制之下"，也提到了作为自我实现的自由"作为目的本身的人类能力的发展，真正的自由王国"。但自主自由总是自我实现的前提和基础，"这个自由王国只有建立在必然王国的基础上"，所以自主自由比自我实现更为根本。恩格斯在《反杜林论》中谈及自由与必然的关系时，持有的也是这种自由观念。

不过，马克思与康德在自主自由观上的差异也是明显的。康德的自主自由观说的是意志自由，意志是自由的实体，而马克思的自主自由说的是实践自由，活动是自由的实体。虽然从思维方式上讲，自主自由既可以用来理解意志的合理生长方式，也可以用来理解活动的合理生长方式。但由于自由的实体不同，两者的自主自由观的差别是本质上的。可以说，马克思的实践自由概念包含着康德的意志自由概念，但比康德的意志自由概念有着更为丰富的内容。从这个意义上说，当代政治哲学虽然对政治自由与意志自由作了区分，但从思维方式上讲，"消极自由"和"积极自由"的理念其实源于康德的意志自由观。关于马克思自由观的基本内容，笔者已在

---

① 《马克思恩格斯全集》第46卷，人民出版社2003年版，第928—929页。

第四章的第三部分中作了大致的阐述,这里就不再赘言了。

现在的问题是,康德说自由即自律,也就是说自由受道德律的规定才成其为自由,所以道德律就是道德的根本,而建立在抽象的形式道德律基础上的道德理论就是道义论。那么,马克思是否也和康德一样,有这样一种可以被重建的道义论?在绝大多数英美学者看来,马克思没有这种形式的道义论,但马克思有另一种形式上的道义论,这种道义论虽然也涉及抽象的形式道德律,不过更关注那些受形式道德律规定的质料。这些质料,就是善。这种形式的道义论就是所谓的混合道义论。在下一部分,笔者将分析学者们提出的具体的混合道义理论。在这里,笔者先大致介绍一下混合道义论的理论方式。

弗兰克纳是最早提出这种道义论的学者。在《善的求索——道德哲学导论》一书中,他认为,严格的义务理论(康德伦理学)容易脱离现实的生活实际。因为道德的确立是为了人的生活,而人的生活不是为了道德而道德,这是一条自明真理。所以,功利主义中的效用原则尽管有所缺陷,但更加接近真理,因为它更关注行为目的的善恶以及行为效果所带来的直接的或间接的利益。但弗兰克纳同时又认为,效用原则并不能作为道德原则的最终依据,而只能作为基本依据之一。因为在效用原则中,隐含着这样一条更为基本的、更为优先的原则——行善原则(principle of beneficence),即"产生善本身和防止恶的原则"。不过,行善原则只是告诉我们应当去增进善并防止恶,但并没有告诉我们在具体的善恶发生冲突时应当如何行事。为此,弗兰克纳认为有必要引入某种公正原则。从宽泛的意义上说,亦即某种对善与恶进行公正分配的原则。[1]这样一

---

[1] 〔美〕威廉·K.弗兰克纳:《善的求索——道德哲学导论》,黄伟合、包连宗、马莉译,陈曾贻校,辽宁人民出版社1987年版,第92—111页。

来，弗兰克纳就用他的行善原则取代了效用原则，加上某种公正原则，就构成了他所谓的混合道义论。换句话说，弗兰克纳去掉了效用原则中对非道德善的"最大化"要求，在保留效用原则中增进善或防止恶的抽象形式的同时，以公正原则来协调增进善或防止恶的利益冲突问题。所以，蕴涵行善原则的公正原则就是道德判断的最终依据。总的说来，由于混合道义论把道德判断的最终依据落在作为普适原则的分配正义上，所以，它在根本上是一种道义论。然而，由于混合道义论既关注非道德善的实现，又强调增进善并防止恶的实际效果（行善原则），从而又是一种"更接近功利主义的道义论"。混合道义论中"混合"二字的含义就在于此。实际上，绝大多数当代伦理学家提出的道义理论都是不同形式的混合道义论，包括罗尔斯的正义理论、雅克·蒂洛的人道主义伦理学等等。

对于那些把马克思的道德理论理解为混合道义论的学者来说，他们的论理思路和弗兰克纳是一致的，即首先从马克思的思想中提炼出各种善价值，如自由、自我实现、人类共同体等，再用某种形式的公正原则对这些善价值的分配进行协调。可见，在这种混合道义论中，分配正义原则至关重要。弗兰克纳就区分了三种意义上的分配公正：第一种公正就是给予人们以应得的奖赏或按其价值给予奖赏；第二种公正就是平等待人，即把善恶平等地分配给人们，但惩罚的情况除外；第三种公正就是按照人们的需要、能力来对待人们。①实际上，这三种分配公正似乎都和马克思有关。

第一种公正是亚里士多德在《尼各马可伦理学》中提到的分配的公正，也就是"按配得分配的原则"，即对平等的人占有或分得

---

① 〔美〕威廉·K.弗兰克纳：《善的求索——道德哲学导论》，黄伟合、包连宗、马莉译，陈曾贻校，辽宁人民出版社1987年版，第105页。

平等的份额，而对不平等的人占有或分得不平等的份额，所以分配的公正要基于某种配得。①显然，这种分配原则的前提在于确定什么才是人们应得的或配得的东西。在亚里士多德看来，民主制依据的是自由身份，寡头制依据的是财富和高贵的出身，贵族制则依据德性。那么在马克思看来，这种依据会是什么呢？有学者就认为，马克思依据某种自然权利。例如科恩就认为，马克思用正义原则谴责资本主义社会的依据就是因为工人没有得到他们应得的东西，而是被资本家无偿占有了。而工人之所以应得是因为被资本家无偿占有的东西是劳动者创造的，工人应当占有自己的劳动产品是一种自然权利。

　　第二种分配公正建立在一种平等观的基础上。这种平等主要是指平等待人。但是，为什么要平等待人呢？弗兰克纳认为，因为"当全体都已达到某种最低限度的要求时，我们理应对促成人们生活的善性起同样相称的作用。这就是个人固有的同等尊严或同等价值的含义"②。可见，每个人都有应当被尊重的权利，因为每个人在人格上都是平等的。显然，这种分配公正说的是康德的人的尊严观念。这部分内容的前半部分已经说过，在一些学者看来，马克思对资本主义社会的批判，尤其是对工人在资本主义条件下所遭受的非人待遇的批判，就体现了这种人的尊严观念。

　　第三种分配公正说的就是马克思在《哥达纲领批判》中提到的正义原则。马克思认为，在共产主义的第一个阶段，人们根据自己的劳动贡献分得相应的社会份额，也就是根据自己的能力大小获得相应的份额，这就是通常所说的按劳分配原则。在共产主义阶段，

---

① 〔古希腊〕亚里士多德：《尼各马可伦理学》，廖申白译，商务印书馆2003年版，第134—135页。

② 〔美〕威廉·K.弗兰克纳：《善的求索——道德哲学导论》，黄伟合、包连宗、马莉译，陈曾贻校，辽宁人民出版社1987年版，第109—110页。

每个人自觉地进行自我实现，不断发挥自己的各种能力，既造福社会，也实现自己。社会不在根据某种统一的尺度整齐划一地进行分配，而是根据每个人的需要订制分配，这就是通常所说的按需分配。在马克思看来这种看似不平等的分配才是最公正的分配。科恩就把这种分配看作是社会主义的分配原则，这种分配原则消除了任何非选择性因素，从而是一种最为道德的分配方式。

学者们对马克思混合道义论的建构，基本上就是这三种原则和各种非道德善之间不同组合的产物。从论理方式上说，虽然这种形式的道德理论有自身存在的问题（见本章第三部分），但从理论本身的丰富程度和适用性来说，似乎比目的论更为高级、更为健全。

二、混合道义论的马克思主义

这一节主要介绍的是布伦克特和佩弗这两位代表人物重建的马克思主义的混合道义论。

在布伦克特看来，有两种不同的道德立场决定了两种不同的伦理学：一种是关于义务的伦理学；一种是关于美德的伦理学。前者主要涉及一个人对别人所应尽的责任和义务。因此，这种类型的伦理学往往以责任、义务、犯罪、正义、权利等概念作为特征。当行为符合某种道德规则或道德责任的要求时，道德行为就具有正当性。在布伦克特看来，这是关于"应该"或"不应该"的道德理论。而在这个意义上，马克思没有道德理论。后者，即美德伦理学，涉及美德、优点、好的生活等概念。在这个意义上，道德首先不是关注规则或义务，而是关注某些性格和品质的培养。布伦克特认为，在这个意义上，马克思持有一种伦理学。他进而认为，马思对道德问题的探讨类似于古希腊思想家，把美德的性质当作道德的中心。马克思评价和谴责资本主义的概念和范畴，诸如非人的、剥削、自由、奴役、征服等等，更多地是涉及人的存在状态或条件，而非指一个人该不该履行某些规则和义务。所以，马克思蔑视的是资产阶级的所谓"道德主义和义务的伦理学"，拥有和赞成的是美德伦理学。①

初一看，布伦克特重建的马克思的道德理论是作为非功利主义目的论的美德伦理学。在布伦克特看来，自由是马克思最为推崇的非道德善，马克思的伦理学就是以自主自由为至善的美德伦理学。但是，布伦克特除了极为推崇自由价值之外，还提出一个他认为在马克思的思想中占据核心地位的概念，这个概念不是别的，正是人的尊严观念。

在《马克思与功利主义》一文中，布伦克特批评了种种功利主义的马克思主义理论，认为马克思持有一种康德传统的人的尊严概念，即把每个人当作目的而不是手段。他说："马克思相信共产主义是一个人以人的方式生活的社会，因而他们自身就是目的。马克思的伦理学中存在着一种核心的特征，它表现为一种人的尊严的观念，即把人自身作为目的的一种观念。"与此同时，"马克思事实上并没有运用结果去决定某种判断。相反，他所运用的判断的性质与情境体现在他的混合的道义论中，而这一理论的中心就在于把人本身当作目的，当作拥有人类的尊严"②。正因为如此，布伦克特的重建的马克思的自由伦理学其实是一种混合道义论的马克思主义。

---

① G. G. Brenkert, *Marx's Ethics of Freedom*, Routledge & Kegan Paul, 1979, pp. 3-23.

② George Brenkert, "Marx and Utilitarianism," *Canadian Journey of Philosophy*, vol. 5, no. 3, 1975, pp. 421-434.

奇怪的是，布伦克特虽然把人的尊严当作马克思混合道义论的基石，但却并不认为它是一种分配公正。因为在他看来，所有把马克思的伦理学说成是分配正义的理论都不符合马克思的愿意。这样一来，布伦克特的思想中就隐含着一种他未曾言明的自然权利概念，也就是说，人的尊严是一种自然权利。其实，如果把人的尊严看作是协调个体自由发展不平衡的一个原则的话，那么它和弗兰克纳提出的分配公正中平等原则是一回事。弗兰克纳所归纳的平等原则涉及两种公正：一个是起点的公平；另一个是程序的公正。前者说的就是人的尊严，而后者说的是机会平等。从这个意义上讲，在混合道义论框架内，人格平等是进入社会分配的基本准入条件，它是一种底线平等原则。在此基础上，当人们具体参与各种社会生活的时候，程序公正管理着每个人都能获得的平等参与机会。这两个方面相辅相成。但是，人们不禁会问：什么才算是一种有尊严的生活？对这一问题的判定影响着人们准入程序公正的资格。在弗兰克纳那里，这个资格就是"当全体都已达到某种最低限度的要求"。换句话说，尊严是一种底线需要，而非高级需要。但布伦克特显然不会同意这种说法。他所理解的马克思的人的尊严概念更为高级。因为当他谈到工人工作日延长时还不忘说，除了纯粹身体的界限之外，"还碰到道德的界限"[①]。但问题是，把人是目的理解为人的尊严，显然过于宽泛。因为对尊严的界定可高可低，而高规格的尊严要求显然伴随着高成本的程序公正。甚至可以说，最高规格的尊严要求可以涵盖平等原则的所有内容。这样一来，如果以底线的尊严要求作为评价尺度，这个尺度就会缺乏相应的批判力度。而如果以高规格的尊严要求作为评判尺度，那么这个尺度又缺乏一定的规范力度。所以，从这个意义上说，如果只是从自然权利

---

① 《马克思恩格斯全集》第44卷，人民出版社2001年版，第260页。

的角度把人的尊严看作是某种带有评价性质的底线原则,那么这种评价是含糊不清的、没有任何实质内容的、非马克思主义的。但另一方面,如果把尊严要求理解为具体的可量化的内容,不仅这种内容难于把握和衡量,同时也违背了自然权利意义上的尊严概念。所以,从某种意义上说,尊严概念的规范力度还不如布伦克特所说的那些所谓义务理论中的正义原则。

在英语世界,佩弗建构的马克思主义混合道义论最为系统全面,也最具代表性。在《马克思主义、道德与社会正义》一书中,他融合了大部分学者的研究成果,提出了一套由三种非道德善与两个原则组成的马克思主义的混合道义论。三种非道德善按价值优先性排序分别是自由、人类共同体和自我实现。两个原则的高低顺序分别是人的尊严和分配正义。

佩弗提供的三种非道德善是有等级排序的。自由是三者中的核心,且自由优先于人类共同体,人类共同体优先于自我实现。为什么自由是核心呢?佩弗说道:"自由价值是基础性的,因为它追求的是一种最大化的系统。这一作为平等的自由与机会的系统为合法性的社会专制(legitimate social coercion)提供了一个可能性的基础,例如一个有关正义法的系统。追求或最大化人类共同体与自我实现这两种价值,从我对马克思的重建来看,无法提供这样一种基础。这些价值(人类共同体与自我实现——笔者)的实现只有当一种最大化平等的自由与机会的系统成为可能的时候,而它们的实现并不决定正当的行为或基本的义务。当然,按照马克思的观点,这样一种最大化的系统不可能出现在阶级社会。"[1]那么,这是一种什么样的最大化系统呢?佩弗认为,它是一种作为平等的自我决定

---

[1] R. G. Peffer, *Marxism, Morality and Social Justice*, Introduction, Princeton University Press, 1990, p.6.

的原则，包含"消极自由"和"积极自由"两个方面。那么，人类共同体和自我实现又是什么关系呢？在佩弗看来，自我实现会带来不可避免的麻烦。从自我实现的外部情况来看，不同个体之间的自我实现会因为资源的有限相互发生利益冲突。因此，自我实现必须借助某种正义原则进行协调和干预。由于任何一种正义原则的产生只有在一定的人类共同体中才是可能的。所以，自我实现必须以某种类型的人类共同体为先决条件。那么，什么又是人类共同体呢？佩弗把它界定为："尽管马克思从未在他的著作中清晰地界定过共同体，不过我们可以把共同体看作是这样组人群：他们有共同的目的，并且知道他们有共同的目的，同时在事实上深深地满足于这些目的。"①只有在这样的共同体当中，自我实现才是可能的。

自由、人类共同体和自我实现具有一定的内在关联。从佩弗的"积极自由"概念来看，"积极自由"包含两个方面：

（1）有权平等地参与所有能够影响某人生活的社会决策过程。

（2）有权平等地获得自我实现的手段。

方面（1）实际上就是自我实现概念。因为在佩弗看来，平等的自我实现只在于平等地获得实现的手段，而不意味着在自我实现结果上的平等。所以，自我实现需要一定的限制。这就牵涉方面（2）涉及的共同体概念。共同体能够以社会专制的形式限制"盲目"的自我实现。不过，共同体又必须是民主的，因而是人们通过社会政治实践进行自我决定的过程。这样，佩弗就在他的自由概念中，把人类共同体和自我实现联系在了一起。也是在这个意义上，平等的自由作为一种最大化的社会系统为人类共同体和自我实现提供了平台。

---

① R. G. Peffer, *Marxism, Morality and Social Justice*, Introduction, Princeton University Press, 1990, p.116.

不过，以上内容还只是这个理论容量的一半。佩弗还认为，尽管马克思本人意图增进这些非道德善的增进，但并没有推崇它们的"最大化"。"因为马克思是一个平等主义者，他也赞同对这些社会善的平等的（或近乎于平等的）分配。"那么，如何对这些善进行平等的分配呢？佩弗提供了两个原则：一是"人类尊严"；另一个是对首要善的平等分配。关于"人类尊严"原则，佩弗并没有太多论说，只是大量引用了马克思涉及尊严问题的文本。结论是马克思的人的尊严概念汲取了康德的价值精神。关于分配正义原则，佩弗并没有详细说明它在马克思那里是一种什么样的分配原则。按照他的理解，马克思只是含有这种语意，但并没有给予明确的说法。因为在规范性的问题上，"马克思事实上采取了一种关于资本主义的内在观点，但同时他也采取了一种有关自己的标准的外在的观点"。所以，他赞同埃尔斯特的立场："没有一种解释可以认为马克思对正义与权利的不同评论能够使两者达成相互一致。"[1]换句话说，佩弗承认马克思的思想中存在某种关于正义的规范性因素，然而他又认为这一因素与其说是明确的价值原则，不如说它是一种价值精神。因为马克思本人在这一问题上似乎也含混不清。[2]正是从这里开始，佩弗才认为有必要在此基础上创制一种新型的社会正义理论。

---

[1] J. Elster, *Make Sense of Marx*, Cambridge University Press, p.230.

[2] R. G. Peffer, *Marxism, Morality and Social Justice*, Introduction, Princeton University Press, 1990, pp. 334-340.

三、简短的评论

佩弗认为，虽然他重建的这个体系源自马克思的立场，但从马克思主义的观点来看，在阶级社会，这个体系是无法存在的。所以，我们可以把这个体系看作是一个应然的体系，一个由道德善作为确立依据的理想的理论体系。关于这种确立依据的正当性问题，将在本部分的末尾进行讨论。在这里，笔者要指出的是，从马克思的立场来看，佩弗把自由价值排在人类共同体价值前面是根本错误的。因为人类共同体不仅是自我实现的先决条件，同样也是作为自我决定的自由的前提。其实，在人的尊严这个平等原则中，隐含着一种更为基本的权利概念——人权，即人之为人所固有的道德权利。因此，当佩弗把自由理解为某种社会权利的时候，把作为平等原则的人的尊严当作确立这种社会权利的道德依据的时候，明显是在用人权规定社会权利。然而，马克思显然认为，所有的权利都是社会权利，因为没有哪种权利可以超出社会的经济结构以及由经济结构所制约的社会文化的发展。所以，无论是"消极自由"还是"积极自由"，作为社会权利的自我决定的自由必定离不开社会共同体的规定。从这个意义上讲，佩弗提到的人类共同体是不合理的，只有社会共同体才是现实的。

虽然只有佩弗等少数学者明确地把马克思的道德理论界定为混合道义论，但在笔者看来，那些把正义原则当作马克思主义伦理学之核心的学者都是不同程度上的混合道义论者。他们的基本立场正如阿勒森所作的如下总结："分配公平问题（无论我们是否把它贴上'正义'的标签）是马克思反对资本主义的核心。例如在自由问题上，困扰马克思的不单纯是资本主义对这种美好的非道德善所供甚少。关键是，市场经济造成了对自由的不当分配，而马克思赞成的社会主义被设想为能够以其历史的趋势改正这种分配不公（maldistribution）。在笔者看来，马克思从来没有怀疑过社会主义条件下的自由总量（如何衡量？）会远远超过资本主义条件下的自由总量。但马克思更为直白与乐观的主张是：在社会主义条件下，自由的分配会更加平等，或者说更加公平。"①其实，马克思并不反对正义原则，他本人在《哥达纲领批判》中的确说过按劳分配和按需分配这两个分配正义原则。但关键是，马克思会如何理解正义原则的正当依据？在笔者看来，回答了这个问题，也就在很大程度上同时回答了马克思的伦理学究竟是不是道义论的问题。

从现有的研究结论来看，西方学者主要给出了两个答案：自然权利和普遍理性。马克思主义分析学派的领军人物科恩在《自由、正义与资本主义》一文中就认为，马克思把私有制看作是不正义的，是因为共同占有生产资料是一种自然权利，这种自然权利"不是那些合法的权利，而是以道德作为基础的权利"。"自然（道德）权利的语言就是正义的语言。无论是谁，只要他严肃地提及正义，就意味着他必然承认存在着自然权利。"所以，正确的正义理论应建立在一种自然权利理论的基础之上。许多马克思主义者之所以拒绝讨论正义，正是由于他们缺乏此种理论。②科恩在这里提到的自然权利实际上就是一种人权。但是，把基于人性概念的道德权利当作正义原则的最终依据，这显然不可能是马克思的立场和观点。除了自然权利之外，还有学者认为正义原则的正当依据是普遍理性。范德威尔在《马克思的正义观》一文中指出，马克思、恩格斯既有道德相对主义的思想，也有伦理绝对主义（ethical absolutism）的立

---

① R. J. Arneson, "What's Wrong with Exploitation?" *Ethics*, vol. 91, no. 2, 1981, pp. 220-221.

② G. A. Cohen, "Freedom, Justice and Capitalism," *New Left Review*, 126, 1981, pp. 3-16.

场:"存在某种可以通过理性证明是正当的道德原则,无论这个原则是否为人所知,即便跨越不同的文化或文化时期,这一原则也是必须遵守的(binding)。"[1] "马克思的确认同某种道德绝对主义的观点,即道德原则要经得起理性的评估,通过这种方式可以在原则上表明一套给定的原则是否正当。"[2] 可是,即便马克思不会反对道德理性的作用,显然也不会把单纯的合理性看作是道德原则的正当性基础。因为在阶级社会,道德原则的实效性建立在利益格局的合法性基础上,道德理性虽然参与这个过程,但并不能左右这个过程,更不是这个过程的基础和根本。总而言之,无论是严格的道义论还是混合道义论,由于道德价值必须是理论的基石和根本,是作为起点和终点的绝对,所以,道义论无法从根本上协调道德原则的绝对要求与马克思、恩格斯对这种要求的批判之间的紧张关系。更为重要的是,道义论其实无法从根本上调和相对主义与绝对主义的冲突,因为这种冲突是不可能由道德系统独立调和的。在马克思看来,道德原则的正当性依据问题,不是一个靠形而上学(本体论意义上)就能奠基的问题,它在本质上是一个由一定共同体利益维系的形而下问题。道德原则的合理性、合法性也好,相对性、绝对性也罢,实际上都源自这个形而下的根基。

---

[1] D. van de Veer, "Marx's View of Justice," *Philosophy and Phenomenological Research*, vol. 33, no. 3, 1973, p. 380.

[2] D. van de Veer, "Marx's View of Justice," *Philosophy and Phenomenological Research*, vol. 33, no. 3, 1973, p. 383.

方法重构：马克思主义伦理学与方法论

第八章
分析的方法与马克思主义伦理学

分析的马克思主义之所以叫作"分析的",就是因为分析的方法。从这个意义上讲,分析的马克思主义重建的道德价值和道德理论作为研究结论与分析的方法密切相关。甚至可以说,有了分析的方法,才可能分析出这些价值和理论。一般说来,一套成形的理论有两个必不可少的基本要素:一个是理论蕴含的价值;一个是理论蕴含的方法。方法就是一套在价值的指引下解释、说明、论证、规范对象的分析框架和说理技术。虽然这两者同样重要不可分割,但在理论发展中最多变化也最令人着迷的就是灵活多样的方法。从这个意义上说,方法建构着我们对这个世界的理解,建构着我们的对象世界。从马克思主义研究史上讲,分析的方法是一种全新的方法。它是一套包括理念、原则、具体分析技术在内的比较系统的方法论体系。虽然这个方法不是专门用来研究伦理学的,但分析的马克思主义用这种方法研究伦理道德时,不仅强化了论证的说服力,也提出了一些新颖的观点,值得认真加以考察。

一、反辩证法的分析的方法

在马克思主义分析学派看来，马克思主义中根本就没有不同的方法论。绝大多数分析的马克思主义者都反对辩证法在马克思主义理论体系中的合法地位。他们多半认为，如果说马克思主义有方法论的话，那也不是辩证法或其他的什么方法，最终只能是分析的方法。在伦理学研究中，分析的马克思主义主张以分析的方法理性重建马克思或马克思主义的道德理论，让马克思主义道德观不断接受理性的考察，通过对不同理论的比较，检验它们是否依然可以指导实践。按照分析学派的观点，理性分析和理性重建是进一步发展马克思主义及其道德理论的前提和基础。这一学派在英、美、加等说英语国家占据着主导地位，又可进一步分为激进的分析马克思主义（radical analytical Marxism）和温和的分析马克思主义（modest analytical Marxism）两派。前者以埃尔斯特和罗默为主要代表人物，主张运用数理逻辑、博弈理论、数学模型等分析工具对马克思主义的各种理论进行彻底的逻辑分析和经验还原，找出其存在的问题和解决办法。后者以科恩、尼尔森、伍德等人为主要代表，主张在日常语言的基础上对马克思主义的各种理论进行分析和澄清，找出不适用的部分，发展其合理的部分。[1]这两种分析立场的区分也影响着对马克思伦理学的研究。需要说明的是，分析的方法涉及的学科知识比较庞杂，不但包括哲学方法论，如科恩的功能解释（functional explanation），也包括社会科学方法论，如理性选择理论。分析的方法影响甚广，一些使用辩证法和道德社会学方法的学者同时也在运用分析的方法。他们之间的对立只是表现

---

[1] Marion Smiley, "Review: Making Sense of Analytical Marxism," *Polity*, vol. 20, no. 4, 1988, pp. 734-744.

在：是否只能把分析的方法当作唯一合理的研究马克思主义的方法。

马克思主义分析学派的领衔人物科恩就认为："分析的马克思主义者并不认为马克思主义拥有一种与众不同的和有价值的方法。其他一些人相信马克思主义拥有一种他们称之为是'辩证的'方法。然而，我们相信，尽管'辩证'一词并非总是在非清晰的意义上被使用，不过与分析的方法相比，它从来没有在清晰的意义上被用以表示一种方法：没有一种辩证的推理形式能够挑战分析的推理。相信辩证法能够对抗分析方法的信念只能在一种不清晰的思想氛围中兴盛。"①紧接着，科恩又批判了整体主义："在分析的马克思主义者中，那些在更为狭窄的含义上理解分析的学者们拒绝这样的观点：一定的社会形式和社会阶级被描述为服从某些行为法则的实体，但这些实体却不具有个体委托自身行为的某种功能。当这种'整体主义'被确定为是一种原则的时候，那么所有分析的马克思主义者都将对它表示反对：一种微观的分析总是可欲求的并且在原则上总是可能的。"②

科恩对辩证法与整体主义的批评比较具有代表性，反映了马克思主义分析学派在这个问题上的总体立场。那么，为什么辩证法与整体主义不能作为合法的研究马克思主义的方法呢？让我们先从辩证法说起。

塔克在他的《卡尔·马克思的哲学与神话》一书中这样写道：

---

① G. A. Cohen, *Karl Marx's Theory of History: a Defence*, Introduction to the 2000 edition, Princeton University Press, 2000, pp. 17-18. 原文中以斜体表强调的地方在此以着重号标示。

② G. A. Cohen, *Karl Marx's Theory of History: a Defence*, Introduction to the 2000 edition, Princeton University Press, 2000, p. 18. 原文中以斜体表强调的地方在此以着重号标示。

"马克思根本就没有'辩证的唯物主义'作为一种区分于历史的自然原理……'辩证唯物主义'作为一种把自然与人类历史区分开来的理论只是后继的马克思主义学术阶段的一种发展。恩格斯试图用一种存在于自然界中的辩证理论去填充马克思的'现代唯物主义'（modern materialism）。这种辩证理论是黑格尔在他最糟糕的时期的一种大杂烩，同时也是某种类似于19世纪作家海克尔（Haeckel）的唯物主义。"[1]塔克的观点代表了相当一部分西方学者对马克思主义哲学及其辩证法的态度：（1）马克思本人从来没有提及辩证唯物主义这个概念。辩证唯物主义是恩格斯"强加"给马克思主义的。（2）尽管马克思在《资本论》第1卷第2版跋中提及他的辩证法和黑格尔的辩证法有所不同，然而，马克思从来没有说明他本人的辩证法究竟是什么样的。马克思主义的辩证法是恩格斯通过黑格尔"补充"给马克思主义的。所以马克思那里根本就没有自己"特别的"辩证法。正是因为带着这种偏见，许多反对辩证法的分析的马克思主义者实际上并没有花太多的精力去研究马克思的辩证法，只是特别地针对恩格斯在《反杜林论》和《自然辩证法》中的观点妄加评论。因为，在他们看来，恩格斯的"补充"是不正当的，而马克思那里存在着"方法论的空场"，所以，理性重建需要另外的补充。

如果说塔克提供的理由还只限于思想解读的话，那么，另一些学者对辩证法的批评就是针对逻辑形式本身的。罗默在《"理性选择"的马克思主义：关于方法和本质的一些问题》中说道："马克思主义的逻辑与解释不存在特别的形式。在一种专有术语和特许逻

---

[1] Robert Tucker, *Philosophy and Myth in Karl Marx*, Cambridge University Press, 1972, pp. 183-184.

辑式的瑜伽（yoga）背后，蒙昧主义（obscurantism）袒护着自身。这种传统的马克思主义的瑜伽就是'辩证法'。辩证逻辑建立在几个命题的基础之上，这些命题具有某种特定的推测方式，然而却离推论的法则相去甚远：事物总是导向其对立面；量转化成质；所有的事物都是内在的和系统的相关。在马克思的社会科学中，辩证法通常为一种懒惰的技术推理提供正当性。"[1]所以，在罗默看来，辩证法对于分析事物毫无用处。因为它的解释水平只停留在对宏观事物的推测层面上，根本无法解释中观微观现象，从而根本无法指导实践。

与罗默一道致力于探寻社会事件微观机制的埃尔斯特也对辩证法持同样的态度。在他看来，马克思主义中流传的辩证法是一种辩证演绎。它来源于黑格尔的逻辑并且无助于对问题的简化与概要。因此，根本就没有所谓的"辩证推理"，辩证法根本不能提供任何解释形式和特别的分析。相反，埃尔斯特倒是认为马克思的社会科学理论是建立在如下三种解释类型基础上的：（1）因果解释（causal explanation），即解释某种现象通过引证此种现象事先所生发的心理的和社会经济的原因。（2）意图解释，即解释某种现象通过引证所涉及的行为意图或事先意图到的结果。（3）后果解释，即引证某种现象随后所发生的结果以解释该现象。在这三种解释类型中，埃尔斯特认为，社会科学研究只能借助因果解释和意图解释。意图解释最重要的一种形式就是理性选择理论，例如博弈论。意图解释"正在成为社会科学中一种核心的，甚至是主导性的观念"。社会科学的"合适的范型"是混合型的因果—意图解释，即对个人行为意图的解释以及对意图间相互作用的因果解释。而功

---

[1] John Roemer, "'Rational Choice' Marxism: Some Issues of Method and Substance," *Economic and Political Weekly*, vol.20, no. 34, 1985, p. 1439.

能解释作为后果解释的一种形式,即解释一种现象通过引证对这种现象产生有益功能的结果,在社会科学中不具备解释的合法性地位。①

与科恩用功能解释的方法解释马克思、批判辩证法不同,埃尔斯特和罗默反对辩证法的一个重要的理由在于他们各自所提出的两个方法论原则,即埃尔斯特的方法论的个人主义和罗默的理性选择。这两种方法论原则不仅反对科恩的功能解释,也反对整体主义。在埃尔斯特看来,整体主义是这样一种观点或立场:"在社会生活中存在着各种总体或集体,而对它们的表述不能被简化为对这种总体或集体中个体的表述。"②显然,整体主义与方法论的个人主义在埃尔斯特那里是一对对立的范畴。而且,埃尔斯特也是通过方法论的个人主义来解释和定义整体主义的。那么,什么又是所谓的方法论的个人主义呢?它和理性选择又是什么关系呢?

埃尔斯特认为,方法论的个人主义是马克思本人经常使用的方法。它是这样一种方法论原则:"所有的社会现象,它们的结构及其变化,在原则上只有经由个人的方式(个人品质、目标、信念、行为)才是可以理解的。"③方法论的个人主义原则具有如下的规定性:(1)与道德上或政治意义上的个人主义和自私自利无关,不是关于人的本质的实体性假设,而纯粹是一种方法论原则。(2)只适用于客观的内容。一旦共同体出现在有意图的内容中,就不能还原为低层次的实体。(3)许多个人的品质,具有内在的相关性,因此

---

① Jon Elster, *An Introduction to Karl Marx*, Cambridge University Press, pp. 21-26.
② Jon Elster, *An Introduction to Karl Marx*, Cambridge University Press, p. 21.
③ J. Elster, *Make Sense of Marx*, Cambridge University Press, p. 5.

对一个个体的描述可能会涉及其他人。[①]所谓理性选择,它是一种用人类的行为意图解释行为的理论。理性选择并不关心人类行为"应该"具有何种目标,而是在给定的目标条件下告诉人们应该如何做才能达到个体的目的。选择在于理性的规定性:(1)在局中人既定的信念中,某种行为是实现他愿望的最好手段。(2)根据局中人得到的证据,这些信念是理性的(理性是信念与它的依据之间的关系,而不是信念与现实之间的"真")。(3)按照局中人的愿望和其他信念,他所搜集的证据的数量是最优的。博弈论是理性选择理论中最常见的一种理性形式,也是最为重要的一种分析技术。在完全信息条件和不完全信息条件下,在动态博弈和静态博弈中,弈局中的人在相互期待的行为决策中都试图最大化自己的利益。但就弈局本身而言,关键在于找到博弈的利益平衡点(不是所有的博弈都会产生利益的平衡点)。尽管这一利益平衡点对于个人而言并非是最大化利益,但却是利益在理性个体间最好的分配方式。利益平衡点作为一组个人抉择的策略,在博弈论中又称之为"最优策略组合"或"均衡策略"。

方法论的个人主义与理性选择理论是相互关联的。总的说来,方法论的个人主义是一种方法论原则,从而较理性选择理论更为抽象。而理性选择理论是方法论个人主义原则的一种体现。博弈论则是理性选择理论中的一种具体方法。一般而言,大多数分析的马克思主义者认为,马克思主义经验理论的某些部分,例如意识形态理论和偏好类型理论,大致都可以通过引证心理的和社会经济原因的方式直接使用因果解释。而另一些部分,则需要意图解释提供说明。几乎所有的分析的马克思主义者都承认,理性选择理论

[①] 转引自余文烈:《分析学派的马克思主义》,重庆出版社1993年版,第263页。

(特别是博弈论)必定适用于马克思主义理论中涉及策略性相互关系的领域,如剥削、阶级斗争、阶级联合以及改良和革命的相关问题。①

科恩曾经在其代表作《马克思的历史理论：一个辩护》2000年版的序言中对分析的方法作了如下总结："所有分析的马克思主义只有在广义上才是分析的,而多数分析的马克思主义只是在狭义上才是分析的。不过,无论是在哪种含义上,所谓分析的就是指反对一种内在于马克思主义的思想传统方式。分析的思考,在广义上意味着反对所谓的辩证思考,在狭义上意味着反对所谓的整体性思考……分析的马克思主义本身拒绝承认马克思主义具备有价值的理智的方法。"②相应地,分析的思考涉及如下三类技术："首先是一种逻辑和语言分析的技术。它发展自20世纪的实证主义和后实证主义哲学。它起源于德语国家,随后(纳粹主义的影响)在英语世界占据着主导地位。下一个是经济分析的技术。它传自于亚当·斯密(Adam Smith)和大卫·里卡多(David Ricardo),并在新古典经济学那里获得了数学的形式。最后,它是一些有关选择、行动和战略的代理技术。它发展于新古典经济学,并超越了后者。这些技术属于现在被称之为'决策理论'(decision theory)、'博弈论',或更一般地说,'理性选择理论'。这些理论被广泛地运用于当代的政治学中。"③在接下来的部分,笔者将通过介绍埃尔斯特对被迫劳动的研究引介对分析的方法的具体应用。

---

① R. G. Peffer, *Marxism, Morality and Social Justice*, Introduction, Princeton University Press, 1990, p. 18.

② G. A. Cohen, *Karl Marx's Theory of History: a Defence*, Introduction to the 2000 edition, Princeton University Press, 2000, p.12.

③ G. A. Cohen, *Karl Marx's Theory of History: a Defence*, Introduction to the 2000 edition, Princeton University Press, 2000, p.13.

二、分析的方法的研究个案：被迫劳动

来看一下被迫劳动与分析的方法的应用。

在埃尔斯特看来，毫无希望的工人，没有使自己成为资本家的自由以及雇佣他人劳动力的自由。那么，这意味着他被迫出卖自己的劳动力吗？如果是这样的话，我们应当说，他是被迫出卖吗？为此，埃尔斯特对"强力"（force）和"强迫"（coercion）作了一个区分。在他看来，强迫意味着存在一个有意图的代言人或强迫者。然而强力却并不意味着存在毫无选择的限制。

强迫可以采取不同的形式。首先，存在着公开的威胁，无论是否是身体上的，无论是施加惩罚或克扣收益。其次，外在环境的操纵，即剥夺受迫者本可以拥有的某些选择。最后，存在着信念和欲望的操纵。这些形式的共同结构如下所示：

如果 A 做出了行为 X，X 具有使 B 做 Y 的意图和真实的后果，那么 A 在强迫 B 去做 Y。Y 不同于 B 本将可以做的行为 Z，如果 A 追求他的行为 W 的"标准的"过程。

此外，上述结构必须保证：相比 A 做 X 和 B 做 Y 的情境，B 更倾向于 A 做 W 和 B 做 Z 的反事实情境（counterfactual situation）。如果强迫采取偏好操纵的类型，那必须被理解为相关的前强迫偏好（pre-coercion preference）。埃尔斯特认为，我们无须保证相对于反事实情景，A 更倾向于事实情景（actual situation）。因为，A 可以强迫 B 仅仅是放松他的肌肉。然而，标准地说，A 将真正地为了自己的好处而强迫 B。

显然，这更多地依赖于我们如何界定 A 标准的行为过程。一种道德化的定义（标准的过程是 A 应当去做的行为）显然在埃尔斯特看来是不充分的。例如，这将阻止我们说，警察公正地强迫人

放弃犯罪。在某些事例中,相关的底线看上去似乎是那些 A 通常所做的;在另一些事例中,它可能是在 B 缺席的情况下本可以做的(不是缺席于普遍,而是缺席于 A 的干预领域)。并且在某些事例中,一种底线的道德概念可能是不可避免的。埃尔斯特对此不以为然。

如果说资本家 A 强迫工人 B 出卖他的劳动力,这意味着必然有某种替代行为,即如果它并没有受到资本家的干涉 X,工人本可以首选行为 Z。对工资劳动的替代物可以是自我雇佣(self-employment),建立一种工人联合或变成一个资本主义的雇佣者。资本家的干预可能在信用市场采取干涉的形式,用抛售工人的一种恐吓或以"分而治之"(divide-and-conquer)的策略弱化工人的阶级意识。在这些强迫工人出卖劳动力的方式中,前两种涉及完全竞争中的剥夺,而最后一种则依赖于某种不同的原则。在所有的事例中,这种状态都可以通过罗默的"撤出博弈"表现出来:工人本可以通过带着他们自己的生产财产撤出的方式使自身变得更好。然而他们的真实选择却并不是一种总的撤出,而是在资本主义的环境内建立他们自己的企业。资本家有能力借助经济力量阻止他们这么做,这种方式类似于封建地主使用物质力量阻止农民变成独立的生产者。

无论如何,对于这种经验性强迫的重要性,埃尔斯特认为马克思并没有给予太多的关注。当他反对非市场剥削的"直接强迫"相对于导致资本主义剥削的"环境的强力"时,他自然是在说后者不依赖于强迫。相似地,"经济关系的缓和的强制"与"直接强力,外在的经济条件"相对立,这就排除了在经济条件中直接强力的可能性。马克思本不用拒绝资本家拥有强迫工人的手段,但是作为他的观点中更为重要的部分是,资本主义剥削通过非个人的竞争市场是匿名的和中介性的。并且，由于方法论，他更偏向于使用这一假设，给资本一个"公平的机会"要高于假设垄断力量的出现。

另一方面，马克思的确相信，工人是被迫（forced）出卖劳动力。这一陈诉可以在不同的方式中理解。首先，工人面对着给定的限制只能有两种选择：饿死或出卖他的劳动力。其次，当工人没有出卖他的劳动力也能存活的时候，他只能在这样的情况下如是做：条件是如此的恶劣以至于他唯一能接受的行为就是出卖自己的劳动力。第三，工人必须最大化的出卖劳动力，但是可以存在能接受的不涉及工资劳动的生存方式。理解强加于工人的强迫的第三种方式可以被看作是虚假的而放在一边。一种行为作为一种最大化的策略本可以抢劫，但是他没有被强迫去犯罪，如果他能轻松地找到一份不错的工作的话。关注当前的主题，一个资本家不是被迫去雇佣劳动，即使他只能通过这样的方式使其最大化。

在埃尔斯特看来，马克思从来没有说工人是被迫出卖他的劳动力。并且在一种强烈的含义中，替代物是饥饿。这一观点不等于工资在生存水平的观点。工资可以高于生存，但是，如果工人没有机会接近资本，工资劳动的唯一的替代物可能是低于生存的；相反，工资可能处于生存水平是因为大量生活在生存水平的农民的存在，迫使工资低于他们的水平，但却提供了一种工资劳动的替代职业。因此，马克思强调真实工资水平的发展趋势不等于他采取一种"反事实"的观点，即工人不得不出卖他们的劳动力或饿死。这也和原始积累无关，因为他主要相信的是统治阶级强迫农业人口转向工资劳动。

最合理的理解工人被迫出卖劳动力的是第二层意思，这与允许他存活的行为替换过程的存在是不相关的。如果工资是高的，某人可以说被强迫出卖他的劳动力,如果替换物可以让他存活的话。但是工资在存活水平的这样一种替换物的存在却暗示他没有被迫出卖劳动力。另一方面,某些替换物是如此的高以至于达到了惊人的水平,工人就不是被迫劳动的。这暗示着工人出卖他的劳动当(1)被提供的工资率高于替换物,(2)替换物低于某种应受到批评的水准。条件本身也并非是充分的。应受到批判的水平是被决定的。如果我们把强力看成是一种纯粹的因果观念,那么批判的水平不应当是一种道德定义的主题。然而,埃尔斯特认为,我们关于强力的直觉是一种原因与道德感相混杂的东西。如果是这样,那么,一种具有可接受性的普遍标准的观念可以被证明是空想。

于是,埃尔斯特下结论道:

某个工人被剥削了,如果他带着他的生产资料的平均份额撤出而他的处境会变好的话。

某个工人被强迫出卖他的劳动力,如果他带着他的生产资料的平均份额撤出而他的处境会变好的话。

某个工人被迫出卖他的劳动力,如果他带着他的生产资料撤出而他将不可避免的处境变坏。

于是,某个工人可以在既没有被强迫也没有被强力迫使出卖劳动力的时候也是被剥削的。因此,无论剥削在道德上怎么错了也不能是源于工资契约的被迫性质。除非我们说,当契约是非强迫的时候,剥削在道德上是不遭人反对的。从这里我们可以看出,埃尔斯特是如何在个人水平上脱离工人的阶级地位和经济地位来分析资本主义剥削的。[①]

---

① J. Elster, *Make Sense of Marx*, Cambridge University Press, 1985, pp. 211-216.

三、分析的方法的合理性及其边界

绝大多数分析的马克思主义者忽视、否认或排斥辩证法在研究马克思伦理思想和马克思主义伦理学中的重要价值。从某种意义上说，拒绝历史唯物主义中的辩证法，必然无法正确认识马克思的伦理思想和道德观念。实际上，偏重语义分析与经验还原的英美分析的马克思主义狭隘地对待了辩证法，过多地把辩证法局限于认识论领域加以排斥，放弃了它在历史唯物主义中的实践本质。由于缺乏辩证思维及脱离实践主题，"把握马克思"往往成了"认知马克思"，道德的规范本质在话语、模型分析中被简约为一些抽象的概念和语义。由此，道德的规范性仅仅体现在语言或逻辑形式的单一的规范性中，与道德的实践本质分道扬镳。此其一。

其二，对于道德现象的解释尽管可以从微观层面开始探究，但研究个人行动在微观层面的机制需要和宏观层面的研究结合起来。尽管方法论的个人主义强调所有可以被还原为个体意图的社会现象只是在原则上才成立，然而，这只是一句看似合理的空话。因为，如果社会现象的宏观视野一旦被判为不合理，那么以个体意图出发来解释社会现象的宏观层面则是剩下的"现实"方式。从而，方法论的个人主义不断强调个人与社会结构之间的对立只能是一种极端化的处理方式。在事实上，社会结构和人的微观行动是相辅相成的。结构既是人类行为的导向，又是行为的中介，也是行为的结果。三个方面往往是相互交织在一起的。因此，看待社会道德现象时势必要注重两者的结合。

其三，方法论的个人主义和理性选择理论是一种个人主义思维方式的体现。它把个人看作是具有某种独立本质的东西，而把群体和社会看作是对个人的限制，这就把个人与群体、个人与社会割裂开来了。事实上，个人行动无法脱离群体与社会所提供的条件和基础。与此同时，个人行动也只有在群体和社会中才是可能的。正是在这个意义上，马克思所强调的"共同的活动过程"就是作为群体或社会之个体间相互作用的过程。因此，个人行动尽管总是以主体意图作为表象，但却包含着客观的基础，而这一基础源于人的社会关系本质。因而，在这个意义上，作为原则的方法论的个人主义是片面的，而理性选择理论则应该被限制在一定条件内合理而适当地运用。具体说来，分析的方法的合理性问题可以从以下几个方面来看：

（一）不合理成分

第一，方法论的个人主义割裂了共同体与个体之间的伦理关系。

方法论的个人主义主要采用所谓的意图解释方式，即通过个体的目标、信念、欲望、需要等意图来解释社会现象。由于它认为所有的制度和集体行为在原则上最终都可以还原为个体意图，从而由个体意图出发就可以解释或推演出所有的微观和宏观现象。但是，方法论的个人主义并没有考察作为出发点的个体意图是如何形成的。个体的信念、欲望、需要、目标等个性意图是个体在一定社会条件作为背景和基础的情况下进行自主设计或安排的结果，由此而形成复杂的动机结构，而对个体意图施加影响的各种社会条件总是由各类社会共同体的交往规则、制度、传统、习俗等形塑，因此，个体意图在形成过程中总是会牵涉个体与共同体之间客观的伦理关系。再之，并不是所有的制度和集体行动最终都可以还原为个体意图的。例如，假设已经发生了某种集体行动，尽管并不是所有参与集体行动的人都赞同该行动，但不赞同的人最终还是参与了集体行动,那么这样的集体行动就无法还原为那些不赞同该行动的个体意图。

第二,理性选择理论不是道德行为的唯一解释方式。

在理性选择理论中,行动者大多被定义为理性的人,他们按照给定的行动目标和策略条件选择自己的行动方案。其中,理性和自利(与自私自利不同)往往是在同一层意义上被使用的。所谓理性,最基本的含义即行动者追求自身利益的最大化。尽管在理性选择理论中,自利最大化的理性行为通常只被看作是行为的前提假设,然而,从伦理学上讲,这只是伦理利己主义的一种解释路径,而对于那些牵涉以道德义务、良心、德性为行动目标的行为来说,理性选择理论就没有多少可运用的空间了。更为重要的是,在马克思主义那里,尽管也强调利益,但利益总是一定的现实的共同体的利益,而且个体利益的实现是以共同体利益的实现为前提条件的。道德由共同体利益所决定,常规性的自利或利他行为不是原子式的个体理性之间相互权衡的结果,而是由共同体利益所决定的交往规则奠定的,从而自利的行为通常会出现在导向自利的交往规则体系中。正是在这个意义上,马克思主义才从不空谈抽象的利益实现和道德行动,而是要破除和颠覆那些导致不道德行为的交往规则及其赖以生存的共同体。

第三,逻辑与语言分析的解释方式无法替代道德生活的实践方式。

道德生活在本质上是实践的。认识和把握道德现象需要以生活实践为本位,而不能单纯地停留在认识论的知性逻辑之中。执着于逻辑与语言分析的马克思主义分析学派的一些学者,尽管在明晰概念、澄清表述以及严谨推理的基础上作出了不少贡献,但是,也存在着一些断章取义的文本解读和牵强附会的引申与会意。例如该派重要代表人物之一的佩弗在分析和解读马克思的自由概念时，先是以伯林的"积极自由"与"消极自由"概念作为框架，而后再从马克思不同历史时期的著作中找出"文本例证"进行语言分析，在未经事实推证和现实说明的情况下，最终硬是得出了马克思的自由概念也有"消极"和"积极"之分的观点。毋庸置疑，这样的分析是不符合马克思意愿的。总之，脱离了语言的社会条件，无视文本的历史语境，仅仅通过道德语言的逻辑形式替代现实道德生活的实践方式，就会走向以思维之形式规定思维之实体的错误倾向，这在伦理学的研究方法中是应当加以避免的。

（二）合理成分

第一，分析的方法作为一种方法论对明晰马克思主义道德观、对深化马克思主义道德理论的理解具有一定的理论价值和现实意义。

实事求是地说，在马克思主义分析学派运用分析的方法探讨马克思主义伦理学之前，绝大多数有关马克思主义伦理学方面的研究还只是局限于抽象的哲学思辨领域，与现实的道德生活世界存在脱节现象。在研究某些道德问题的时候，也往往以历史唯物主义作为唯一的方法论原则与解释方式进行大而化之、含糊其词的宏观叙事。这对马克思主义伦理学的研究是极为不利的。所以，尽管分析的方法有其边界和局限性，但它毕竟用清晰的概念、严整的论证以及大量的分析工具把许多现实的道德问题引入了理论新视野，探讨和发展了许多前人所未曾涉及的大量道德新问题、道德新理论和道德新方法。他们在马克思主义理论中分析和重建的各种道德价值（正义、自由等）与各类道德理论（马克思主义的元伦理学、马克思主义的目的论和义务论等）已然成为西方发达资本主义国家对马克思主义伦理学进行系统研究的第一次理论尝试。从而，借鉴和吸收分析的方法在方法论上的可取之处是非常必要的。

第二，尽管不能把方法论的个人主义看作是马克思主义的方法论原则，并以此去分析和解释道德现象，但是，它强调要在微观层面上去解释和分析道德行为的意图是具有一定合理性的。

宏观层面上作为社会意识形式的道德与微观层面上作为个体道德价值观的道德在功能和表现形式上是有所不同的，它们之间往往要经由许多中层环节的调试与规整才能达成协调，而只有两者的相互协调，才能形成一定社会良性运行的道德体系。就此而言，对社会道德的宏观把握与对个体道德的微观考察缺一不可。马克思主义伦理学充分肯定个体的道德行为在推动集体行动和建构社会制度中的积极含义，但这并不等同于要以抽象的人性假设为前提来解释和推导所有的集体行动和社会制度。理解和把握个体的道德行为需要结合共同体的分析视角，要在共同体交往规则与个体道德行为选择之间的伦理关系中进行辩证地互动性研究。

第三，理性选择理论中的决策理论、博弈论等分析工具对研究某些具体的道德问题有一定的帮助。

这里说的帮助是从分析工具的解释功能上来说的，并非承认这些分析工具在建构性上具有合理性。所谓分析工具的解释性功能是指可以用理性选择理论解释和分析那些在导向自利交往规则中的行动者的道德行为及其选择过程。但是，在马克思主义伦理学的意义上，以理性选择理论为基础设计或推演集体行动和社会制度显然是不可取的，也是不科学的。再之，理性选择理论解释功能的大小取决于该理论对理性概念以及策略选择范畴的界定与发展。曾有学者指出可以在理性概念中加入道德的成分，或是在策略选择中提供道德的因素，不过，其中所牵涉的关系极为复杂，有许多理论问题还需要进一步研究和探讨。

第九章
道德社会学的方法与马克思主义

除了分析的方法之外，不少学者还提出了研究马克思主义伦理学的另一种方法，这就是道德社会学方法。简单地说，这种方法不是把马克思主义伦理学建立在道德哲学的基础上，而是建立在社会理论的基础上。由于马克思的历史唯物主义又可以被看作是历史的社会学，所以这种方法和历史唯物主义具有相通之处。从描述伦理学的意义上说，道德社会学方法是伦理学研究的前提和基础，它提供了对道德起源、生成、发展的社会学解释，并历史地看待道德的变化发展问题，而不仅仅局限在心理意志层面谈论道德问题。了解并掌握道德社会学方法对马克思主义伦理学研究大有帮助。

一、历史唯物主义与道德社会学方法

实际上，用道德社会学方法研究马克思主义伦理学并非当代英美学者的专利。这项工作在苏联就已经受到了学者们的关注。在阿尔汉格尔斯基的《马克思主义伦理学的对象、结构、基本方面》一书中，整个第四篇"伦理学的社会学问题"都是在讨论马克思主义的道德社会学。并且，阿尔汉格尔斯基还把这种"具体的伦理—社会学"的研究方法追溯到哈尔切夫在1965年的一篇文章《道德是社会学研究的对象》中所提出的观点。文章认为："任何一个道德历史形式，最低限度包括三个基本方面：由舆论维护的社会对个人的要求和公共生活规范；个人对这些要求的理解和掌握及他对这些要求的态度；人们的实际行为和他们之间体现道德目的和规范的相互联系。"①在阿尔汉格尔斯基看来，哈尔切夫所提出的三个方面不应当是各自独立的，"具体的伦理—社会学"的研究对象是三者之间的相互关系。

阿尔汉格尔斯基认为，因为"马克思主义理论社会学是从社会所有方面（在物质过程起决定作用的条件下）的动态相互联系角度出发来研究社会的"，所以，这一特点决定了"伦理社会学问题是与个人社会学、家庭社会学、集体社会学等联系在一起的"。它的任务"不在于从抽象的理论上弄清楚道德和社会生活各方面的联系，而在于研究这些联系的现实状况，它们的特点及发展趋势"。它需要"一方面以对道德特点的伦理学研究为基础，另一方面，以吸收社会学分析社会现象的方法为基础"。从而，它是"研究道德规范的实际作用、代表各种社会—人口集团的行为主体对道德规范的态度、在道德意识和行为范围内发生的变化和社会的道德发展趋势"。总而言之，"研究社会学问题，是马克思主义伦理学研究最重要的方面之一"②。

尽管阿尔汉格尔斯基强调道德社会学在马克思主义伦理学中的重要地位，但并没有把道德社会学上升到"科学伦理学"基础的地

---

① 转引自〔苏〕Л. М. 阿尔汉格尔斯基：《马克思主义伦理学的对象、结构、基本方面》，杨远、石毓彬译，中国社会科学出版社1990年版，第175页。
② 〔苏〕Л. М. 阿尔汉格尔斯基：《马克思主义伦理学的对象、结构、基本方面》，杨远、石毓彬译，中国社会科学出版社1990年版，第169—186页。

位。在阿尔汉格尔斯基看来,马克思主义伦理学的基础是哲学,"分析一般伦理的善恶范畴是在一切情况下在现象学水平上科学地认识道德的性质的历史前提和逻辑前提"。从而,"辩证唯物主义地解决伦理学的哲学问题,使我们能够展示作为特殊现象的道德同普遍东西的联系,表明它同客观现实各个方面的相互关系"[①]。引文中,阿尔汉格尔斯基所提到的"在现象学水平上"的范畴指的就是道德社会学方法。由此可见,马克思主义伦理学的基础在阿尔汉格尔斯基那里是辩证唯物主义哲学的善恶的辩证法,而道德社会学则是研究道德现象的起源、结构、机制、要素、功能的经验性知识。只有把两者结合起来,才可以达到对道德知识的充分认识。换句话说,伦理学是道德哲学与道德社会学相结合的产物,但其中,道德哲学才是基础。

尼尔森在《马克思主义与道德观——道德、意识形态与历史唯物主义》一书中否定了上述研究道德问题的逻辑思路。他区分了三种对道德的提问方式:本体论的提问方式为"道德是什么";认识论的提问方式为"什么是对的,什么是错的";而道德社会学的提问方式为"在阶级社会中,道德的典型功能是什么"。在尼尔森看来,马克思主义伦理学作为历史唯物主义的内在部分,其基础只能是道德社会学。道德学说的研究应该被纳入到社会学研究中去,从社会学的角度思考历史唯物主义与道德学说的关系,以历史唯物主义的性质规定道德的本质、作用和社会功能。这样一来,马克思主义伦理学就会免于落入传统的以哲学本体论的研究对象和以认识论的研究对象来规定道德学说研究对象的窠臼。因而也就使道德学说摆脱了形而上学的纠缠和判断是非、对错的反映论的泥潭,从而区

[①] 〔苏〕Л. М. 阿尔汉格尔斯基:《马克思主义伦理学的对象、结构、基本方面》,杨远、石毓彬译,中国社会科学出版社1990年版,第18页。

别于相对主义，包括文化相对主义（cultural relativism）、伦理相对主义（ethical relativism）、元伦理的相对主义（meta-ethical relativism）、概念的相对主义（conceptual relativism），以及伦理怀疑论（ethical skepticism）和伦理虚无主义（ethical nihilism）。基于此，尼尔森认为，马克思主义的道德学说是某种情境主义（contextualism）。①

尼尔森对伦理情境主义的解释是："道德上被需要的，几乎没有例外地伴随着情境的变化而变化着某种值得考虑的衡量方式。情境主义并不认为对错或好坏取决于某人的态度、许诺或某人将接受的无论什么可普遍化的原则，而是在某种值得考虑的衡量方式中，取决于人们发现自身所处的客观情形。因此，情境主义不是任何形式的相对主义，因为对错或好坏并不取决于某人、某种文化、某个阶级、某种不可名状的事物所相信是正确的那样，也不取决于每个人是如何概念化事物或每个人会接受何种正当的标准。而是，对错在很大程度上取决于人们有哪些需要和人们发现自身所处的客观情形。"②尼尔森进而认为，恩格斯在《反杜林论》中批判普遍的、永恒的、绝对的、主观的道德原则，坚持道德在相对性与绝对性上的统一，其实质就是这种情境主义道德观的体现。而这种情境主义的道德观是与历史唯物主义相适应的。因为"我们可以说在情境 X 中的时段 t1 上某某道德原则是正确的，在情境 Y 中的时段 t2 上某某道德原则是正确的。这些判断是普遍的并能横跨生产方式的。而且，尽管并不作要求，但历史唯物主义允许存在着从 t1 到 t2 到 t3 的理性进步过程这样的判断。在无例外的情况下（ceteris paribus），

---

① Kai Nielsen, *Marxism and the Moral Point of View: Morality, Ideology, and Historical Materialism*, Introduction, Westview Press, 1989.

② Kai Nielsen, *Marxism and the Moral Point of View: Morality, Ideology, and Historical Materialism*, Westview Press, 1989, p. 8.

这种判断更有益于人类的发展,从而优于在时段 t1 上的固着状态。这显示了一种对道德的理解方式,一种看待事物的道德方式。它是非相对主义的、情境主义的,与历史唯物主义相适应的"①。

不难看出,尼尔森把社会看成一个有机整体,把道德看作是这一整体中的有机部分,从而以道德的社会功能来理解其本质和作用。并且,历史唯物主义是对作为整体的有机社会的科学理论,而道德社会学就是在历史唯物主义理论的基础上关于道德之社会功能的学说。总之,正如尼尔森所言,应该从社会学的角度把历史唯物主义看作是关于时代社会变化的社会科学理论一般,道德作为具有一定社会功能的价值规范体系,也应该被纳入社会学的研究中去。然而,尼尔森在充分地理解了道德社会学的同时,也充分曲解了道德哲学中的本体论与认识论问题。因为,对道德社会功能的理解并不能完全取代对道德本体论与认识论的理解。所以,以道德的社会功能来理解道德的性质与作用是需要对"道德是什么"和"什么在道德上是对的,什么在道德上是错的"这样的本体论问题与认识论问题有一个预先的基本回答的。从这个意义上说,阿尔汉格尔斯基所强调的"现象学""前提"是重要的且必不可少的,而关键在于"前提"是否能够被意识到。所以,尽管尼尔森在情境主义的立场上能够处理道德原则的相对性与绝对性的关系问题,然而,为什么可以说在情境 X 中的时段 t1 上某某道德原则就是正确的?而在情境 Y 中的时段 t2 上某某道德原则也是正确的呢?对此,尼尔森不难回答,因为历史唯物主义本身就可以提供解释。但是,尼尔森把历史唯物主义的回答也看作是一种社会学意义上的回答就有失全面了。因为,历史唯物主义不仅仅是一种社会学意义上的"社会

---

① Kai Nielsen, *Marxism and the Moral Point of View: Morality, Ideology, and Historical Materialism*, Westview Press, 1989, pp. 39-40.

事实"，它同时也是一种科学的世界观、方法论。历史唯物主义对善恶辩证法的抽象概括与阐发就是对道德本体论与认识论的基本回答，从而是"现象学"的"历史前提与逻辑前提"。在这个意义上，阿尔汉格尔斯基虽然意识到了这一前提，但他把善恶范畴的辩证法建立在辩证唯物主义的基础上也是有所偏差的。事实上，这一前提只能是历史唯物主义。所以，道德的社会历史本质要比道德的规范本质更为基础，而不是相反。

相比较而言，虽然胡萨米在道德社会学的基本方面与尼尔森的理解大致相同，然而，他对道德社会学的定位却较为适当。在胡萨米看来，"道德社会学是马克思历史唯物主义的一部分。它在历史观察中为道德观的社会起源提供理由"。在马克思那里，说明一种规范，必须明确：（1）它在生产方式中是如何产生的；（2）它是如何在那个社会中与社会阶级相适应的。从而，强调马克思的道德社会学需要注意两个重要的方面：（1）包括道德观在内的上层建筑的各要素不是附带现象的（epiphenomenal）。马克思的有关自我实现、人道主义、共同体、自由、平等、正义等规范不能仅仅因为他们在资本主义条件下缺乏相应的制度框架就可以被归结为无意义（insignificance）。这些规范在转变无产阶级意识的过程中充当着某种批判的功能，它们赋予这种功能以否定的力量并促使革命变革。（2）尽管马克思并没有明确地处理那些观念和价值的社会起源与他们的真理性（truth）、有效性（validity）、道德可欲性（desirability）之间的关系，然而他的理论实践清晰地显示他并没有把两者混淆起来。从而，在马克思看来，一种理论能否被接受必须通过理性的论证来解决。典型地，马克思是在探索一种理论的逻辑力量，也就是它的前提假设与结果以及它对被观察到的相关现象的充分说明。①

胡萨米强调了道德社会学中的"历史观察""前提假设""结果""现象分析"等范畴,并对观念和价值的社会起源与它们的真理性、有效性、道德可欲性作出了区分,从而在上述条件下把道德社会学理解为历史唯物主义的一部分是适当的。不过,他的问题在于,"马克思的有关自我实现、人道主义、共同体、自由、平等、正义等规范"在"资本主义条件下"并不缺乏"相应的制度框架"。如果把社会主义或共产主义的道德价值看作是游离于资本主义社会制度框架之外的东西,就很容易落入抽象的价值论。这也是胡萨米老是热衷于用后资本主义社会的正义原则来批判资本主义社会的症结所在。从而,在胡萨米那里,道德社会学作为"在历史观察中为道德观的社会起源提供理由"的事实判断与道德观的"真理性、有效性、可欲性"的价值判断之间是断裂的。应当看到,道德的起源与社会功能尽管不可与道德价值的真理性、有效性、可欲性相提并论,然而却是可以在历史唯物主义的基础上达成统一的。

二、道德社会学方法研究个案:道德是意识形态

尼尔森对马克思主义意识形态概念的研究典型地体现了道德社会学在研究马克思主义伦理学中的方法论意义。在尼尔森看来,"道德是意识形态"是马克思主义道德学说中的一个重要思想。然而,以往对马克思主义意识形态概念的本体论研究和认识论研究仅

---

① Z. I. Husami, "Marx on Distributive Justice," *Philosophy and Public Affairs*, vol.8, no.1, 1978, pp. 27-64.

仅把意识形态看作是一种反映社会现实的有关对与错的知识，这就会造成仅以认识论或逻辑学的说明方式来看待马克思主义的意识形态概念，从而很容易无视它的社会功能和作用并把他误解为完全是虚假的东西。由此，对"道德是意识形态"的界定也就难免使道德被赋予同样虚假的性质。尼尔森进而认为，事实上，从社会学的观点看，意识形态主要是指对社会起作用的价值规范体系，意识形态的社会特质规定着道德的社会功能。所以，对"道德是意识形态"的理解必须从社会学的角度来考量。

尼尔森首先比较了非马克思主义的意识形态概念和马克思主义意识形态概念的相似点与差异处。在他看来：

A. 一种形式上的意识形态概念是指：

（1）体现某个或某些共同体、某个或某些共同体中截然不同的亚文化的一系列规范、价值、理想的特征；

（2）包含着行动的诸原则；

（3）包含着关于人和社会的一般的理论信念，这些信念具有解释经验的功能，并扮演着使那些行动原则合法化的角色；

（4）旨在转变人类生活和社会，或把已建立起来的秩序加以神圣化和合理化，并以此促进或至少是维护集团的稳固；

（5）把这些规范与涉及社会权力的分配问题连接起来。

B. 一种马克思主义的意识形态概念是指：

（1）体现了某个或某些共同体一系列的规范、价值、理想的特征，它们反映了某个阶级或首要的社会集团的观念，并（在原则上）服务于阶级或首要的社会集团的利益；

（2）包含行动的诸原则，它们反映了某个阶级或首要的社会集团的观念，并（在原则上）服务于阶级或首要的社会集团的利益；

（3）包含着关于人和社会的一般的理论信念，这些信念扮演着

使那些行动原则和现存于社会中的公共自我形象的合法化的角色;

（4）为了敌对阶级或首要社会集团的利益去转变人类生活和社会，或是为了统治阶级或首要社会集团的利益，神圣化和合理化那些已经建立起来的秩序，至少是体现统治阶级或首要社会集团的利益;

（5）通常神秘化（扭曲）被统治阶级的社会观，有时也神秘化统治阶级的社会观，错误地把自己的利益看作是对社会总体利益的代表;

（6）典型地（但不总是）扭曲那些从属于意识形态的人们的自我理解和他们对生活于其中的世界的理解以服务于统治阶级或首要社会集团的利益;

（7）通过把一般的世界观及与其相连的一套规范和社会实践看作是全社会的、与整个社会的利益相一致的方式以教化被统治阶级的成员，从而根据统治阶级的世界观来维护集团的稳固;

（8）有时把某一阶级所特有的世界观社会化，而在另一时期又表现为全社会的、为全社会的成员可接受的共同的世界观;

（9）在广泛地存在着统治阶级霸权地位的情况下，意识形态普遍并错误地被理解为在道德上是合法的、与全社会的利益相一致的（它是社会中的一种立法设施）;

（10）典型地（但不总是），在道德上是不合法的，只是在符合阶级、各阶层以及首要社会集团维护的利益时表现为合理的正当;

（11）在阶级斗争中扮演着特别的角色。[①]

通过比较，尼尔森指出，马克思主义者并不需要拒绝任何非马克思主义的意识形态概念。马克思不仅强调意识形态构想的重要

[①] Kai Nielsen, *Marxism and the Moral Point of View: Morality, Ideology, and Historical Materialism*, Westview Press, 1989, pp. 102-103.

性，也强调了意识形态概念扭曲性质的标准。马克思主义只是加进了阶级分析：阶级冲突、阶级利益、阶级立场、阶级神秘化、阶级霸权、阶级社会等等。阶级分析的方法在马克思主义意识形态概念中是至关重要的。马克思主义者不仅可以谈及世界观，讨论那些服务于维护集团稳固和推动社会生活变革的有关人与社会的某些特定概念，也可以谈论模糊社会关系和无法充分解答人类需要的那些被扭曲的世界观。意识形态不仅是世界观，在阶级社会中，它也典型地扭曲世界观。它们既服务于统治阶级的利益，也服务于少数阶层或某些首要社会集团的利益。

  接着，尼尔森指出，马克思主义意识形态概念的另一个深刻且与众不同的特征就在于它强调了，意识形态是如何典型地神秘化和扭曲了我们对自己所身处的社会情境的理解。他认为，意识形态歪曲世界观，把世界观神秘化，主要是通过安排和省略事实而实现的。所谓安排事实和省略事实，就是根据阶级或主要社会集团的利益，安排和强调突出某一事实和观点，省略这一事件的背景，从而把广大群众的视野局限于一个狭隘的世界图景之中。在资本主义的意识形态中，事实是按照加强、至少是保护资产阶级的利益，伤害无产阶级利益的方式安排和省略的。例如，当通货膨胀时，资产阶级意识形态就努力告诉工人们，他们必须压缩工资需求，才能消除通过膨胀，而压缩他们的工资需求又是为了公众的利益，将有利于社会的每一个成员。这种解释实际上只涉及通货膨胀事实的一个方面，而省略了另一个方面。压缩工人的工资需求，可以帮助缓减通货膨胀，但同时也会带来财富的转移，使财富从工人那里转移到资本家手中；压缩工人的工资需求，可以减缓通货膨胀，但其最终结果只是保持资本主义社会的稳定，而根本不会顾及工人和社会大多数人的利益。资产阶级的意识形态强调事实的前一方面，而省略后一方面。这种强调和省略不仅给事实蒙上了假象,而且给人以错误的观点,把人带入了一个狭隘的境界,即使工人和社会的大多数人只注意通货膨胀与自身的关系,简单地认可压缩工资需求的事实,而没有注意通货膨胀的全部背景和各种关系、联系。这样,资产阶级的意识形态就通过对通货膨胀这一事实的安排和省略,制造了一个符合、代表公众利益的假象,使他们的阶级思想、观念以全社会的外貌出现,并得到社会的认可。尼尔森认为,意识形态正是以这种方式制造歪曲的世界观,使世界观神秘化,从而达到为本阶级利益服务的目的。当然意识形态的神秘化也可以用撒谎的方式进行,如希特勒所做的那样,但更主要的则是通过安排事实和省略事实,即通过安排和突出某些命题,省略其他命题而实现。这是一个以逻辑的方式灌输思想的过程。

在尼尔森看来,既然马克思主义的意识形态概念注重的是意识形态的社会功能,那么,当马克思主义肯定"道德是意识形态"的时候,也就是要以意识形态的社会功能规定道德的社会功能,从而把道德学说纳入社会学的研究之中。从社会学的角度研究道德学说,道德学说的中心内容不再是对反映的正确与错误的判断,而是对道德的社会作用的阐发。尼尔森依据马克思主义的意识形态概念,明确了道德的社会功能。他指出,在马克思和恩格斯那里,道德同法律和宗教一样,也具有意识形态的功能。在阶级斗争中,道德的典型功能就是起神秘化的作用,它想方设法使人民接受已建立起来的秩序,或者在一种革命的意识形态起作用的时候,它想方设法使人民接受一种新设定的革命的社会秩序。道德虽然有时能作为上升阶级同统治阶级作斗争的一种意识形态的武器,但它主要的还是服务于统治阶级的利益。尼尔森还具体地说明了道德的这一作用。他认为,道德对社会的作用,有时是直接地把统治阶级建立起来的秩序神圣化，更经常的则是努力解释现存的秩序，启发人们去理解它，从而达到对统治阶级秩序的认同。显然，道德是以其特殊的方式起着意识形态的作用。这种作用的实质正如马克思所认为的，是使我们错误地相信由统治阶级的意识形态所带给我们的命运。在尼尔森看来，正是由于道德的作用，道德能成为统治阶级统治社会的工具，而且是比政策和军队更为重要的统治工具，因为，对于统治阶级来说，用道德进行统治比用政策和军队进行统治更便利、更稳定。[①]

尼尔森在历史唯物主义的基础上对道德之社会功能的阐发，充分说明了考察道德现象需要予以阶级的、历史的分析。一方面，他肯定道德在阶级社会中是以一种特殊的方式发挥意识形态的功能，其作用就在于为某一确定的阶级或社会集团服务，特别是作为统治阶级用维持统治的工具；另一方面，他又肯定道德是历史地变化与发展着的，在肯定道德主要服务于统治阶级的同时，也强调它可以成为革命阶级建立新社会秩序的手段。并且，尼尔森强调了无产阶级的道德形成和发展及其在人类历史发展中的地位和作用。这些都是值得肯定的。

三、道德社会学方法与道德哲学

总之，把马克思主义理论首要地看作是一种社会理论是大多数把马克思主义伦理学理解为道德社会学的学者们坚持的前提和基本

[①] Kai Nielsen, *Marxism and the Moral Point of View: Morality, Ideology, and Historical Materialism*, Westview Press, 1989, pp. 105—110。部分译文转引自黄楠森、庄福龄、林利总编，易克信、吴仕康主编：《马克思主义哲学史》第八卷，北京出版社1996年版，第138—143页。

立场。它的优点在于,把道德看作是一种社会历史现象,从而使其脱离普遍的、抽象的价值观念基础并还以历史的、社会的唯物主义根基,这就给道德的规律性奠定了客观的基础。从而,就方法论而言,正如塞耶斯所说:"马克思主义并不包含一个分析历史的道德方法,而是有一个历史地分析道德的方法。它没有也不可能诉诸普遍的道德原则或价值。"所以,"马克思主义的主要目的是分析和理解道德观念的社会意义,而不是简单地批判和消解它们。因此,马克思把不同的道德观描绘成具体历史条件下的产物和反映,以及特定社会集团或阶级成员需要、渴求、利益和愿望的表达"①。但是,片面地夸大道德社会学在马克思主义伦理学中的地位也是不恰当的。因为,道德社会学终归是一门研究社会事实的经验科学,它不能完全替代研究价值判断的规范伦理学。尽管社会学把社会看成一个发展着的有机整体这一立场或宗旨无可厚非,然而,自从社会学逐步地远离了社会哲学(这里的社会哲学是指对社会的整体研究,而不是指对社会的形上研究)之后却不可避免地走上了偏执于实证主义与经验主义的技术主义道路。在当代社会学研究中,田野调查与深度访谈已经成为获取研究资料最为典型和普遍的方法。这种基于概率分布加个人经验史的社会学分析方法尽管在一定范围内保持着高信度区间,然而它以样本特征比附总体特征、以个体经验加权总体经验的研究方法无疑和对社会作总体理解的理念是渐行渐远的。所以,社会学研究宗旨的全面要求与事实上研究方法的片面发展形成了鲜明的对比。在这种情况下,有时候对某些社会现象的分析虽"无微不至",却往往"不得要旨"。关于这一点,马

---

① 参见〔英〕塞耶斯:《分析马克思主义与道德》,载于〔加〕韦尔、尼尔森编:《分析马克思主义新论》,鲁克俭、王金来、杨洁等译,中国人民大学出版社2002年版,第71页。

克思在《资本论》第 1 卷第 1 版的序言中提及价值形式时谈到的方法论问题值得重视:"以货币形式为完成形态的价值形式,是极无内容和极其简单的。然而,两千多年来人类智慧对这种形式进行探讨的努力,并未得到什么结果,而对更有内容和更复杂的形式的分析,却至少已接近于成功。为什么会这样呢?因为已经发育的身体比身体的细胞容易研究些。并且,分析经济形式,既不能用显微镜,也不能用化学试剂。二者都必须用抽象力来代替。"[①]

---

① 《资本论》第 1 卷,人民出版社 2004 年版,第 8 页。

结　语

　　20世纪80年代，阿尔汉格尔斯基在《马克思主义伦理学的对象、结构和基本方面》一书的序言中写道："马克思主义伦理科学发展中的新阶段已露端倪，这一新阶段是和解决社会主义社会道德过程管理的迫切问题联系着的。这不仅与苏联有关，而且与其他社会主义国家也有关。要在更高的理论立足点上并依据伦理学和边缘科学的联系，使面向实践的问题得以解决……新过程在伦理科学中的展开是相当复杂的，正面临一些困难，例如由于伦理知识的结构尚未彻底稳定下来而引起的困难……因此，迫切需要对作为科学知识体系的马克思主义伦理学发展的基本方面作全面的叙述和论证。从系统方法的角度叙述马克思主义伦理学对象的尝试业已开始，但是这些尝试没有涉及使伦理知识成果系统化的方法。"[①]

　　在阿尔汉格尔斯基看来，在他那个时代，马克思主义伦理学迫切需要"科学知识体系"，用来"解决社会主义社会道德过程管理的迫切问题"，解决"面向实践"的迫切问题。这些问题之所以

[①]〔苏〕Л. М. 阿尔汉格尔斯基：《马克思主义伦理学的对象、结构、基本方面》，杨远、石毓彬译，中国社会科学出版社1990年版，"序言"，第1—2页。

还没有得到很好的解决，是因为"伦理知识的结构尚未彻底稳定下来而引起的困难"，所以，要"从系统方法的角度"叙述研究对象，要"使伦理知识成果系统化"。为此，阿尔汉格尔斯基在《马克思主义伦理学的对象、结构和基本方面》中指出了马克思主义伦理学研究的基本对象是善恶辩证法。它的科学知识体系的结构是：以哲学为基础涵盖"哲学心理学问题""规范伦理学问题""伦理学的社会学问题""应用伦理学研究"四个方面。实事求是地说，虽然阿尔汉格尔斯基提到的作为科学知识体系的马克思主义伦理学的知识结构至今尚未彻底稳定，不过他从系统方法的角度为这个结构搭建的基本方面是符合马克思主义伦理学发展方向的，是比较全面、科学、合理的。只不过，把这些方面有机地结合起来，形成体系化、结构化的马克思主义伦理学理论体系的工作至今尚未完成。这意味着，阿尔汉格尔斯基提到的迫切问题，其实一直摆在马克思主义伦理学面前。正如他所说，这个迫切问题如果不能得到很好的解决，马克思主义伦理学是无法指导社会生活实践、解决现实生活问题的。

在笔者看来，这个知识体系有三个基石：道德社会学或社会伦理学、道德心理学、道德哲学。道德哲学是贯穿在道德社会学和道德心理学当中的。从伦理学研究对象来看，这个伦理学知识体系内在的逻辑结构又可以分为五个层次：历史社会学—组织社会学—组织行为学—行为心理学—道德心理学。这五个层次同时也是五个环节，研究的是如何把社会整体—社会组织—个体意识有机联系起来加以考察。其主旨是：应当把对社会组织的研究作为连接社会整体与个体意识的纽带和平台。以往我们谈论伦理道德问题时，习惯于一开始就从个人与社会的伦理关系着手。但实际上，个人不是直接同社会发生关系的，个体总是生活在一定的社会组织中的。人与社会的伦理关系是通过组织协调的。社会通过组织改造人，而人通过组织改造社会。泛泛地谈论人与社会的伦理关系或者只是从哲学上抽象的共同体概念出发看待这一问题都是不完整的、缺乏具体的。如果从这个思路出发，既不可能达到马克思所说的对对象"具体总体"的认识水平，也不可能在道德实践方面拿出切实可行的办法。只有在这个平台上，我们才可以把西方规范伦理学结合进来在组织伦理—道德行为的层面讲功利主义、混合道义论和美德伦理学。实际上，如果从这个系统的总体视角着眼，就会发现，规范伦理学对道德客观性基础的研究之所以会遭到批评，是因为在马克思主义伦理学看来，它没有发现自己在整个知识系统中所处的地位和各种关系，以至于越出了自身的界限。此外，前面提到的贯穿这个整体的道德哲学逻辑，也就是笔者在书中第五章论述的马克思从黑格尔那里继承下来的伦理—道德辩证法。就目前的情况来看，组织伦理学研究和道德心理学研究是最为薄弱的部分，但恰恰也是最为重要的部分。因此，从这个意义上说，马克思主义伦理学的发展道路，还有很长的路要走。

当然，这个研究思路是笔者近些年来在学习和钻研马克思主义伦理学过程中形成的。虽然已经有了一些前期的研究准备，也具备了一定的研究基础，但这个思路究竟有没有进一步发展的可能性，会不会落地生根、开花结果，或许还需要笔者在接下来的研究生涯中不断地努力探索、奋力前行。

参考文献

一、中文文献

（一）著作

《列宁选集》1—4卷，人民出版社1995年版。
《马克思恩格斯选集》1—4卷，人民出版社1995年版。
《马克思恩格斯全集》第3卷，人民出版社2002年版。
《马克思恩格斯全集》第11卷，人民出版社1995年版。
《马克思恩格斯全集》第19卷，人民出版社2006年版。
《马克思恩格斯全集》第30卷，人民出版社1995年版。
《马克思恩格斯全集》第31卷，人民出版社1998年版。
《马克思恩格斯全集》第32卷，人民出版社1998年版。
《马克思恩格斯全集》第33卷，人民出版社2004年版。
《资本论》1—3卷，人民出版社2004年版。
〔德〕爱德华·伯恩施坦：《社会主义的前提和社会民主党的任务》，殷叙彝译，北京大学图书馆内部参考资料1964年版。

〔德〕黑格尔:《法哲学原理》,范扬、张企泰译,商务印书馆 1961 年版。

〔德〕黑格尔:《精神现象学》上、下卷,贺麟、王玖兴译,商务印书馆 1979 年版。

〔德〕康德:《实践理性批判》,李秋零译,中国人民大学出版社 2007 年版。

〔德〕卡尔·考茨基:《伦理与唯物史观》,董亦湘译,新文化出版社 1927 年版。

〔法〕路易·阿尔都塞:《保卫马克思》,顾良译,商务印书馆 1984 年版。

〔法〕路易·阿尔都塞、艾蒂安、巴里巴尔:《读〈资本论〉》,李其庆、冯文光译,中央编译出版社 2008 年版。

〔法〕卢梭:《社会契约论》,何兆武译,商务印书馆 1980 年版。

〔法〕萨特:《辨证理性批判》,徐懋庸译,商务印书馆 1963 年版。

〔古希腊〕柏拉图:《理想国》,郭斌和、张竹明译,商务印书馆 1986 年版。

〔古希腊〕亚里士多德:《范畴篇 解释篇》,方书春译,商务印书馆 2003 年版。

〔古希腊〕亚里士多德:《尼各马可伦理学》,廖申白译,商务印书馆 2003 年版。

〔古希腊〕亚里士多德:《政治学》,颜一、秦典华译,中国人民大学出版社 2003 年版。

〔美〕彼彻姆:《哲学的伦理学》,雷克勤等译,中国社会科学出版社 1990 年版。

〔美〕威廉·K.弗兰克纳：《善的求索——道德哲学导论》，黄伟合、包连宗、马莉译，陈曾贻校，辽宁人民出版社1987年版。

〔美〕罗尔斯：《正义论》，何怀宏、何包钢、廖申白译，中国社会科学出版社1988年版。

〔美〕阿拉斯代尔·麦金太尔：《伦理学简史》，龚群译，商务印书馆2003年版。

〔美〕阿拉斯代尔·麦金太尔：《谁之正义？何种合理性》，万俊人等译，当代中国出版社1996年版。

〔苏〕Л.M.阿尔汉格尔斯基主编：《伦理学研究方法论》，赵春福等译，中国广播电视出版社1992年版。

〔苏〕Л.M.阿尔汉格尔斯基：《马克思主义伦理学的对象、结构、基本方面》，杨远、石毓彬译，中国社会科学出版社1990年版。

〔意〕丹瑞欧康波斯塔：《道德哲学与社会伦理》，李磊、刘玮译，黑龙江人民出版社2005年版。

〔英〕佩里·安德森：《当代西方马克思主义》，余文烈译，东方出版社1989年版。

〔英〕以赛亚·伯林：《自由论》，胡传胜译，译林出版社2003年版。

〔英〕罗素：《西方哲学史》，何兆武、李约瑟、马元德译，商务印书馆2003年版。

北京大学哲学系外国哲学史教研室编译：《古希腊罗马哲学》，商务印书馆1961年版。

黄建中：《比较伦理学》，山东人民出版社1998年版。

李强：《自由主义》，中国社会科学出版社1998年版。

刘放桐等编著：《现代西方哲学》，人民出版社1981年版。

罗国杰、宋希仁：《西方伦理思想史》上、下卷，中国人民大学出版社 1985 年版。

罗国杰主编：《伦理学》，人民出版社 1989 年版。

黄楠森、庄福龄、林利总编，易克信、吴仕康主编：《马克思主义哲学史》第八卷，北京出版社 1996 年版。

欧阳康主编：《当代英美哲学地图》，人民出版社 2005 年版。

万俊人：《现代西方伦理思想史》上卷，北京大学出版社 1990 年版。

万俊人：《现代西方伦理思想史》下卷，北京大学出版社 1992 年版。

夏伟东：《道德本质论》，中国人民大学出版社 1991 年版。

夏伟东、李颖、杨宗元：《论个人主义思潮》，高等教育出版社 2006 年版。

俞吾金、陈学明主编：《国外马克思主义哲学流派新编·西方马克思主义卷》，复旦大学出版社 2002 年版。

余文烈：《分析学派的马克思主义》，重庆出版社 1993 年版。

余涌：《道德权利研究》，中央编译出版社 2001 年版。

周辅成主编：《西方伦理学名著选辑》上、下卷，商务印书馆 1964 年版。

中国人民学马列主义发展史研究所编：《马克思主义史》，人民出版社 1996 年版。

（二）论文

〔英〕肖恩·塞耶斯：《马克思主义与道德》，贺来、刘富胜译，载《哲学研究》，2007 年第 9 期。

〔英〕S.塞耶斯：《道德价值与进步》，肖木摘译，载《世界哲学》，1994 年第 6 期。

〔英〕L. 王尔德：《重新思考马克思与正义：希腊的维度》，王鹏译，载《世界哲学》，2005 年第 5 期。

段忠桥：《20 世纪 70 年代以来英美的马克思主义研究》，载《中国社会科学》，2005 年第 5 期。

段忠桥：《转向英美，超越哲学，关注"正统"——推进当前我国国外马克思主义研究的三点意见》，载《马克思主义研究》，2007 年第 5 期。

侯惠勤：《试论马克思主义理论的"内在紧张"》，载《中国社会科学》，2007 年第 3 期。

侯惠勤：《作为世界观的马克思主义辩证法》，载《马克思主义研究》，2007 年第 7 期。

俞吾金：《论马克思对西方哲学传统的扬弃——兼论马克思的实践、自由概念与康德的关系》，载《中国社会科学》，2001 年第 3 期。

二、英文文献

（一）著作

Ball, Terence, and James Farr, eds. *After Marx*. Cambridge University Press, N.Y., 1957.

Berlin, Isaiah. *Karl Marx: His Life and Environment*, Oxford University Press, 1978.

Brenkert, Geroge. *Marx's Ethics of Freedom*, Routledge & Kegan

Paul, 1979.

Buchanan, Allen E. *Marx and Justice: the Radical Critique of Liberalism*, Methuen, 1982.

Cohen, G. A. *Karl Marx's Theory of History: A Defence*, Princeton University Press, 2000.

Elster, J. *Make Sense of Marx*, Cambridge University Press, 1985.

——. *An introduction to Karl Marx*, Cambridge University Press, 1986.

Fromm, Erich. *Marx's Concept of Man*, Frederick Ungar Publishing Co., 1961.

Fromm, Erich, ed. *Socialist Humanism*, Doubleday, Garden City, 1961.

Hook, Sidney. *From Hegel to Marx: Studies in the Intellectual Development*, Reynal & Hitchcock, 1936.

Kamenka, Eugene. *The Ethical Foundation of Marxism*, Routledge & Kegan Paul, 1962.

Kolakowski, Leszek. *Main Currents of Marxism: its origins, growth and dissolution* (3 vols.), translated by P. S. Falla, Oxford University Press, 1981.

Lukes, Steven. *Maxism and Morality*, Oxford University Press, 1987.

Macintyre, Alasdair. *Marxism and Christianity*, Schocken Books, 1968.

Miller, Richard W. *Analyzing Marx: Morality, Power, and History*, Princeton University Press, 1984.

Nielsen, Kai. *Marxism and the Moral Point of View*: Morality, Idedogy, and Historical Materialism, Westview Press, 1989.

Peffer, R. G. *Marxism, Morality and Social Justice*, Princeton University Press, 1990.

Schaff, Adam. *A Philosophy of Man*, Lawrence & Wishart, 1963.

Somerville, John. *Dialogues on the Philosophy of Marxism*, Greenwood Press, 1974.

Tucker, Robert. *Philosophy and Myth in Karl Marx*, Cambridge University Press, 1972.

Wilder, Lawrence (ed.). *Marxism's Ethical Thinkers*, Palgrave, 2001.

Wood, Allen W. *Karl Marx*, Routledge & Kegan Paul, 1981.

(二) 论文

Allen, D. P. H. "The Utilitarianism of Marx and Engels," *American Philosophical Quarterly*, vol.10, no.3, 1973.

——. "Does Marx Have an Ethic of Self-Realization? Reply to Aronovitch," *Canadian Journal of Philosophy*, vol.10, no.3, 1980.

Areson, R. J. "What's Wrong with Exploitation?" *Ethics*, vol.97, no.2, 1981.

Anderson. "Perry. Arguments within English Marxism," *New Left Books*, 1980.

Aronovitch, Hilliard. "Marxian Morality," *Canadian Journal of Philosophy*, vol.10, no.3, 1980.

Bauer, Otto. "Marxism and Ethics," *Austro-Marxism* (T. B. Bottomore et al., eds.), Oxford University Press, 1978.

Berlin, Isaiah. "Two Concepts of Freedom," *Political and Social Philosophy* (J. Charles King and James A. McGilvray, eds.), McGraw-

Hill, 1973.

Brenkert, Geroge. "Freedom and Private Property in Karl Marx," *Philosophy and Public Affairs*, vol.8, no.2, 1979.

——. "Marx and Utilitarianism," *Canadian Journal of Philosophy*, vol.5, no.3, 1975.

——. "Marx's Critique of Utilitarianism," *Marx and Morality* (Kai Nielsen and Steven C. Patten, eds.), Canadian Association for Publishing in Philosophy, 1981.

Buchanan, Allen E. "Marx, Morality, and History: An Assessment of Recent Analytical Work on Marx," *Ethics*, vol. 98, no. 1, Oct., 1987.

——. "Exploitation, Alienation, and Injustice," *Canadian Journal of Philosophy*, vol.9, no.1, 1979.

Cohen, G. A. "Freedom, Justice and Capitalism," *New Left Review*, no.126, 1981.

——. "Functional Explanation, Consequence Explanation, and Marxism," *Inquiry*, vol.25, 1982.

——. "The Structure of Proletarian Unfreedom," *Philosophy and Public Affairs*, vol.12, no.1, 1983.

——. "The Labor Theory of Value and the Concept of Exploitation," *Philosophy and Public Affairs*, vol. 8, no.4, 1979.

Collier, Andrew. "Scientific Socialism and the Question of Socialist Values," *Marx and Morality*, edits by Kai Nielsen and Steven C. Patten, Canadian Association for Publishing in Philosophy, 1981.

Crocker, Lawrence. "Marx's Concept of Exploitation," *Social Theory and Practice*, vol.2, no.2, 1972.

Elster, Jon. "Rationality, Morality, and Collective Action," *Ethics*, vol.96, 1985.

——. "Marxism, Functionalism, and Game Theory: The Case for Methodological Individualism," *Marxist Theory* (edited by Alex Callinicos), Oxford University Press, 1989.

Geras, Norman. "The Controversy about Marx and Justice," *New Left Review*, 150, 1985.

——. "Bringing Marx to Justice: An Addendum and Rejoinder," *New Left Review*, 195, 1992.

——. "Justice," *A Dictionary of Marxist thought*, edited by Tom Bottomore, Blackwell Pleference, 1996.

Gilbert, Alan. "An Ambiguity in Marx's and Engels' Account of Justice and Equality," *American Political Science Review*, vol.76, 1982.

——. "Historical Theory and the Structure of Moral Argument in Marx," *Political Theory*, vol.9, 1981.

——. "Marx's Moral Realism: Eudaimonism and Moral Progress," *After Marx* (Ball, Terence, and James Farr, eds.), Cambridge University Press, 1957.

Green, Michael. "Marx, Utility, and Right," *Political Theory*, vol. 11, no. 3, 1983.

Hancock, Roger. "Marx's Theory of Justice," *Social Theory and Practice*, vol.1, no.3, 1971.

Harris, Abram L. "Utopian Elements in Marx's Thought," *Ethics*, vol. 60, no. 2, 1950.

Hodges, Donald Clark. "Historical Materialism in Ethics," *Philosophy and Phenomenological Research*, vol.23, no.1, 1962.

Husami, Z. I. "Marx on Distributive Justice," *Philosophy and Public Affairs*, vol.8, no.1, 1978.

Kellner, Douglas. "Marxism, Morality, and Ideology," *Marx and Morality* (Kai Nielsen and Steven C. Patten, eds.), Canadian Association for Publishing in Philosophy, 1981.

MacIntyre, Alasdair. "Marx," *Western Political Philosophers* (Maurice Cranston ed.), Capricorn Books, 1964.

——. "Notes from the Moral Wilderness," *Alasdair MacIntyre's Engagement with Marxism, selected writings 1953-1974*, edited and introduced by Paul Blackledge Neil Davidson, Koninklijke Brill NV, 2008.

McLellan, David. "Then and Now: Marx and Marxism," *Political Studies*, vol.47, no.5, 1999.

Miller, Richard W. "Marx and Aristotle: A Kind of Consequentialism," *Marxist Theory* (Alex Callinicos eds.), Oxford University Press, 1989.

Nasser, Alan G. "Marx's Ethical Anthropology," *Philosophy and Phenomenological Research*, vol. 35, no.4, 1975.

Nielsen, Kai. "Arguing about Justice: Marxist Immoralism and Marxist Moralism," *Philosophy and Phenomenological Research*, vol.17, no.3, 1988.

——. "Marx on Justice: The Tucker-Wood Thesis Revisited," *University of Toronto Law Journal*, vol.38, no.1, 1988.

——. "Marxism and Ideology," *African Philosophical Inquiry*, vol.1, no.1, 1987.

Reiman, Jeffrey. "Exploitation, Force, and the Moral Assessment of Capitalism: Thoughts on Roemer and Cohen," *Philosophy and Public*

Affairs, vol.16, no.1, 1987.

Roemer, John. "Property Relations vs. Surplus Value in Marxian Exploitation," *Philosophy and Public Affairs*, vol.11, no.4, 1982.

——. "R. P. Wolff's Reinterpretation of Marx's Labor Theory of Value: Comment," *Philosophy and Public Affairs*, vol.12, no. 4, 1983.

——. " 'Rational Choice' Marxism: Some Issues of Method and Substance," *Economic and Political Weekly*, vol.20, no. 34, 1985.

Ryan, Cheyney C. "Socialist Justice and the Right to the Labor Product," *Political Theory*, vol.8, no.4, 1980.

Sayers, S. "Analytical Marxism and Morality," *Canadian Journal of Philosophy*, Supplementary vol.15, 1989.

Skillen, Anthony. "Worker's Interest and the Proletarian Ethic: Conflicting Strains in Marxian Anti-Moralism," *Marx and Morality* edits by Kai Nielsen and Steven C. Patten, Canadian Association for Publishing in Philosophy, 1981.

Smiley, Marion. "Review: Making Sense of Analytical Marxism," *Polity*, vol.20, no.4, 1988.

Somerville, John. "The Value Problem and Marxist Social Theory," *Journal of Value Inquiry*, vol.2, 1978.

van de Veer, D. "Marx's View of Justice," *Philosophy and Phenomenological Research*, vol.33, no.3, 1973.

Wood, Allen W. "The Marxian Critique of Justice," *Philosophy and Public Affairs*, vol.1, no.3, 1972.